Kaiser · Bannach | Prüfungswissen Jura für die mündliche Prüfung

Prüfungswissen Jura für die mündliche Prüfung

1. und 2. Staatsexamen

von

Torsten Kaiser
Rechtsanwalt, Lübeck
Wirtschaftsjurist (Univ. Bayreuth)
Seminarleiter bei den Kaiserseminaren
Mitherausgeber der Juristischen Arbeitsblätter

Dr. Thomas Bannach
Regierungsrat im Landtag NRW
Seminarleiter bei den Kaiserseminaren

3. Auflage

Verlag Franz Vahlen München 2016

Zitiervorschlag: *Kaiser/Bannach* Mündliche Prüfung Jura

www.vahlen.de

ISBN 978 3 8006 5178 8

Wilhelmstraße 9, 80801 München
Druck: Druckerei C.H. Beck Nördlingen
(Adresse wie Verlag)

Satz: R. John + W. John GbR, Köln
Umschlaggestaltung: Martina Busch, Grafikdesign, Homburg Saar

Gedruckt auf säurefreiem, alterungsbeständigem Papier
(hergestellt aus chlorfrei gebleichtem Zellstoff)

Vorwort zur dritten Auflage

Viele Leser haben uns bestätigt, dass in ihrer mündlichen Prüfung zahlreiche Fragen und Themen aus dem vorliegenden Skript abgeprüft wurden.

In der nun vorliegenden dritten Auflage wurden einige Fehler bereinigt, auf die uns aufmerksame Leser hingewiesen haben. Ebenso wurde das Skript an einigen Stellen erweitert und um neue Prüfungsfragen angereichert. Gleichzeitig haben wir mit Erfolg der Versuchung widerstanden, Einzelvorlieben bestimmter Prüfer als allgemeingültigen Prüfungsstoff in das Skript aufzunehmen In den Mittelpunkt stellen wir vielmehr immer die Frage: Welche Themen ziehen sich durch praktisch alle Prüfungen?

Kein Werk kann den Anspruch auf Vollständigkeit erheben und so sind wir auch zukünftig für jeden hilfreichen Hinweis dankbar, um das Skript noch besser an die Bedürfnisse der Examenskandidaten anzupassen.

Lübeck und Köln im Februar 2016 *Torsten Kaiser* und *Thomas Bannach*

Vorwort zur ersten Auflage

Sichtet man den juristischen Buchmarkt, fällt auf, dass es zwar zahlreiche Bücher zur Vorbereitung auf die Aktenvorträge/Kurzvorträge in der ersten und zweiten juristischen Staatsprüfung gibt, aber nur sehr wenige, die kurze und prägnante Antworten auf häufige Prüfungsfragen in der mündlichen Prüfung liefern.

Diesem Missstand soll das vorliegende Skript Abhilfe schaffen. Es basiert auf einer Vielzahl von Rückmeldungen von Examenskandidaten, welche die mündliche Prüfung erfolgreich absolviert haben, langjähriger Prüfererfahrung von einem der Autoren und der Auswertung zahlreicher Original-Prüferprotokolle aus dem ersten und zweiten Staatsexamen. Der Examenskandidat soll hiermit bereits nach Ende der Klausurenphase in die Lage versetzt werden, sich mit überschaubarem Zeitaufwand effizient und frühzeitig auf immer wiederkehrende Standard-Fragen in den juristischen Staatsprüfungen vorzubereiten und für den relevanten Prüfungsstoff sensibilisiert zu werden. Dabei geht es uns nicht um die Darstellung von Vorlieben irgendwelcher Einzelprüfer, sondern um den »roten Faden«, der sich durch alle mündlichen Prüfungen zieht.

Dieses Skript eignet sich daher sowohl für die Vorbereitung auf die mündliche Prüfung im Referendar- als auch für die mündliche Prüfung im Assessorexamen.

Wir danken Herrn Staatsanwalt Dr. Torsten Holleck (Kiel), Herrn Vorsitzenden Richter am Verwaltungsgericht Berlin Dr. Robert Seegmüller, Herrn Richter am Landgericht Lüneburg Jan Kaiser, Herrn Richter am Amtsgericht Münster Tekin Polat, Herrn Richter am Amtsgericht Düsseldorf Marcel Dué und Herrn Dr. Andreas Mehlich für die hilfreichen Anmerkungen und Diskussionen bei der Erstellung des Skriptes.

Für weitere Anregung und Kritik sind wir jederzeit dankbar.

Lübeck und Köln, im November 2013

Inhaltsverzeichnis

Abkürzungsverzeichnis

aE	am Ende
AEUV	Vertrag über die Arbeitsweise der Europäischen Union
AG	Amtsgericht
Alt.	Alternative
ArbG	Arbeitsgericht
Art.	Artikel
ASOG Bln	Allgemeines Gesetz zum Schutz der öffentlichen Sicherheit und Ordnung in Berlin (Allgemeines Sicherheits- und Ordnungsgesetz)
Aufl.	Auflage
BAG	Bundesarbeitsgericht
BAK	Blutalkoholkonzentration
BauGB	Baugesetzbuch
BauO Bln	Bauordnung für Berlin
BayBO	Bayerische Bauordnung
BayStrWG	Bayerisches Straßen- und Wegegesetz
BayVwVfG	Bayerisches Verwaltungsverfahrensgesetz
BbgBO	Brandenburgische Bauordnung
BbgLOG	Gesetz über die Organisation der Landesverwaltung (Landesorganisationsgesetz) Brandenburg
BbgOBG	Gesetz über Aufbau und Befugnisse der Ordnungsbehörden (Ordnungsbehördengesetz) Brandenburg
BbgPolG	Gesetz über die Aufgaben und Befugnisse, Organisation und Zuständigkeit der Polizei im Land Brandenburg (Brandenburgisches Polizeigesetz)
BbgStrG	Brandenburgisches Straßengesetz
BerHG	Beratungshilfegesetz
BerlStrG	Berliner Straßengesetz
BImSchG	Bundes-Immissionsschutzgesetz
BGB	Bürgerliches Gesetzbuch
BGB-InfoV	Verordnung über Informationspflichten nach bürgerlichem Recht
BGH	Bundesgerichtshof
BRAO	Bundesrechtsanwaltsordnung
BremLBO	Bremische Landesbauordnung
BremLStrG	Bremisches Landesstraßengesetz
BremPolG	Bremisches Polizeigesetz
BremVwVfG	Bremisches Verwaltungsverfahrensgesetz
BNotO	Bundesnotarordnung
BORA	Berufsordnung für Rechtsanwälte
BVerfG	Bundesverfassungsgericht
BWahlG	Bundeswahlgesetz
BWLBO	Landesbauordnung für Baden-Württemberg
BWLVwVfG	Verwaltungsverfahrensgesetz für Baden-Württemberg
BWPolG	Polizeigesetz Baden-Württemberg
BWStrG	Straßengesetz für Baden-Württemberg
BZR	Bundeszentralregister
bzw.	beziehungsweise
dh	das heißt
DRiG	Deutsches Richtergesetz
EBV	Eigentümer-Besitzer-Verhältnis
EDV	Elektronische Datenverarbeitung
EGMR	Europäischer Gerichtshof für Menschenrechte
EGV	EG-Vertrag
EMRK	Konvention zum Schutz der Menschenrechte und Grundfreiheiten

etc. . . . . et cetera (und so weiter)
EU . . . . Europäische Union
EuGH . . . . Gerichtshof der Europäischen Gemeinschaften
EUR . . . . Euro
EUV . . . . Vertrag über die Europäische Union idF des Vertrags von Lissabon

FAO . . . . Fachanwaltsordnung
FamFG . . . . Gesetz über das Verfahren in Familiensachen und in den Angelegenheiten der freiwilligen Gerichtsbarkeit
F.A.Z. . . . . Frankfurter Allgemeine Zeitung
f. . . . . und folgende(r) Seite/Paragraph
ff. . . . . und folgende Seiten/Paragraphen
FGG . . . . Gesetz über die Angelegenheiten der freiwilligen Gerichtsbarkeit
Fn. . . . . Fußnote

GBO . . . . Grundbuchordnung
gem. . . . . gemäß
GewO . . . . Gewerbeordnung
GG . . . . Grundgesetz für die Bundesrepublik Deutschland
ggf. . . . . gegebenenfalls
GKG . . . . Gerichtskostengesetz
GmbH . . . . Gesellschaft mit beschränkter Haftung
GoA . . . . Geschäftsführung ohne Auftrage
grds. . . . . grundsätzlich
GVG . . . . Gerichtsverfassungsgesetz
GVP . . . . Geschäftsverteilungsplan

HBauO . . . . Hamburgische Bauordnung
HBO . . . . Hessische Bauordnung
HGB . . . . Handelsgesetzbuch
HmbSOG . . . . Gesetz zum Schutz der öffentlichen Sicherheit und Ordnung Hamburg
HmbVwVfG . . . . . Hamburgisches Verwaltungsverfahrensgesetz
HSOG . . . . Hessisches Gesetz über die öffentliche Sicherheit und Ordnung
HStrG . . . . Hessisches Straßengesetz
HVwVfG . . . . Hessisches Verwaltungsverfahrensgesetz
HWG . . . . Hamburgisches Wegegesetz

idR . . . . in der Regel
InsO . . . . Insolvenzordnung
iSd . . . . im Sinne des/der
iVm . . . . in Verbindung mit

JA . . . . Juristische Arbeitsblätter (Zeitschrift)
JGG . . . . Jugendgerichtsgesetz
JuS . . . . Juristische Schulung (Zeitschrift)

LBauO M-V . . . . . Landesbauordnung Mecklenburg Vorpommern
lit. . . . . Buchstabe (litera)
LG . . . . Landgericht
LOG M-V . . . . Organisationsgesetz für das Land Mecklenburg-Vorpommern (Landesorganisationsgesetz)
LOG NRW . . . . . . Gesetz über die Organisation der Landesverwaltung (Landesorganisationsgesetz) Nordrhein-Westfalen
LOStA . . . . Leitender Oberstaatsanwalt
LSABauO . . . . Bauordnung des Landes Sachsen-Anhalt
LStVG . . . . Gesetz über das Landesstrafrecht und das Verordnungsrecht auf dem Gebiet der öffentlichen Sicherheit und Ordnung Bayern

NBauO . . . . Niedersächsische Bauordnung

Nds. SOG	Niedersächsisches Gesetz über die öffentliche Sicherheit und Ordnung
NJW	Neue Juristische Wochenschrift (Zeitschrift)
NJW-RR	Neue Juristische Wochenschrift – Rechtsprechungsreport
Nr.	Nummer
NRW	Nordrhein-Westfalen
NRWOBG	Gesetz über den Aufbau und Befugnisse der Ordnungsbehörden (Ordnungsbehördengesetz) NRW
NStrG	Niedersächsisches Straßengesetz
OHG	Offene Handelsgesellschaft
OLG	Oberlandesgericht
OrgStA	Anordnung über Organisation und Dienstbetrieb der Staatsanwaltschaft
OVG	Oberverwaltungsgericht
PAG	Polizeiaufgabengesetz Bayern
PKH	Prozesskostenhilfe
PolG NRW	Polizeigesetz des Landes Nordrhein-Westfalen
RhPfLBauO	Landesbauordnung Rheinland-Pfalz
RhPfLStrG	Landesstraßengesetz Rheinland-Pfalz
RhPfPOG	Polizei- und Ordnungsbehördengesetz Rheinland-Pfalz
RiStBV	Richtlinien für das Strafverfahren und das Bußgeldverfahren
Rn.	Randnummer
RVG	Gesetz über die Vergütung der Rechtsanwältinnen und Rechtsanwälte
S.	Seite; Satz
s.	siehe
SaarlStrG	Saarländisches Straßengesetz
SächsBO	Sächsische Bauordnung
SächsPolG	Polizeigesetz des Freistaates Sachsen
SächsStrG	Straßengesetz für den Freistaat Sachsen (Sächsisches Straßengesetz)
SchlHLBauO	Landesbauordnung für das Land Schleswig-Holstein
SchlHLVwG	Allgemeines Verwaltungsgesetz für das Land Schleswig-Holstein
SchlHStrWG	Straßen- und Wegegesetz des Landes Schleswig-Holstein
SDÜ	Übereinkommen zur Durchführung des Übereinkommens von Schengen vom 14.6.1985 zwischen den Regierungen der Staaten der Benelux-Wirtschaftsunion, der Bundesrepublik Deutschland und der Französischen Republik betreffend den schrittweisen Abbau der Kontrollen an den gemeinsamen Grenzen
SLBO	Bauordnung für das Saarland
SLOG	Landesorganisationsgesetz Saarland
sog.	sogenannt
SOG LSA	Gesetz über die öffentliche Sicherheit und Ordnung des Landes Sachsen-Anhalt
SOG M-V	Gesetz über die öffentliche Sicherheit und Ordnung in Mecklenburg-Vorpommern (Sicherheits- und Ordnungsgesetz)
SPolG	Saarländisches Polizeigesetz
StGB	Strafgesetzbuch
StPO	Strafprozessordnung
StrG LSA	Straßengesetz für das Land Sachsen-Anhalt
StrVollstrO	Strafvollstreckungsordnung
StrWG-MV	Straßen- und Wegegesetz des Landes Mecklenburg-Vorpommern
StrWG NRW	Straßen- und Wegegesetz des Landes Nordrhein-Westfalen
StVG	Straßenverkehrgesetz
SVwVfG	Saarländisches Verwaltungsverfahrensgesetz
S.Z.	Süddeutsche Zeitung
ThürBO	Thüringer Bauordnung
ThürOBG	Thüringer Gesetz über Aufgaben und Befugnisse der Ordnungsbehörden
ThürPAG	Thüringer Gesetz über die Aufgaben und Befugnisse der Polizei
ThürStrG	Thüringer Straßengesetz

ThürVwVfG ..... Thüringer Verwaltungsverfahrensgesetz

uU .... unter Umständen
UWG .... Gesetz gegen den unlauteren Wettbewerb

VBlBW .... Verwaltungsblätter für Baden-Württemberg
VereinsG .... Gesetz zur Ergänzung des öffentlichen Vereinsrechts
vgl. .... vergleiche
VwG BW .... Landesverwaltungsgesetz Baden-Württemberg
VwGO .... Verwaltungsgerichtsordnung
VwVfG .... Verwaltungsverfahrensgesetz
VwVfG M-V ..... Verwaltungsverfahrens-, Zustellungs- und Vollstreckungsgesetz des Landes Mecklenburg-Vorpommern
VwZG .... Verwaltungszustellungsgesetz

WaStrG .... Bundeswasserstraßengesetz
WStG .... Wehrstrafgesetz

ZPO .... Zivilprozessordnung
zB .... zum Beispiel

1. Teil. Einleitung

Das vorliegende Skript soll Sie in kurzer Zeit auf häufige Fragen in der mündlichen Prüfung im Referendar- und Assessorexamen vorbereiten. Die Erfahrung zeigt, dass vor allem Praktiker in der mündlichen Prüfung häufig absolute Standards abfragen, die aus ihrem persönlichen Arbeitsbereich stammen. Kurz vor der mündlichen Prüfung versuchen sich viele Kandidaten dann tagelang ineffizient über das Internet auf diese typischen Praktiker-Fragen vorzubereiten. In der mündlichen Prüfung wird dann etwa gefragt: »Wie wird man eigentlich Schöffe?«, »Was ist ein Geschäftsverteilungsplan? Wer stellt den auf?«. Leider können viele Prüflinge auf diese Fragen oft keine richtige Antwort geben und fragen sich, warum es keine geeignete Ausbildungsliteratur gibt, die diese Fragen bündelt. Denn es liegt auf der Hand, dass es sich nicht besonders positiv auf die Punktevergabe auswirkt, wenn man auf diese Standardfragen, die zum »täglichen Brot« des Praktikers gehören, nicht die richtige Antwort weiß. Durch eine konzentrierte Lektüre dieses Buches werden Sie auf diese typischen Fragen eine richtige Antwort geben können. Die dadurch gewonnene Zeit können Sie gut gebrauchen, um etwas über Ihren Prüfer herauszubekommen und weitere Akten- bzw. Kurzvorträge zu üben (Einige Tipps dazu unten). Dabei geht es uns – wie gesagt – nicht um die Darstellung von Vorlieben irgendwelcher Einzelprüfer, sondern um den »roten Faden«, der sich durch alle mündlichen Prüfungen zieht. Denn diesen Faden gibt es und diesen zeigen wir Ihnen.

Bei der Durchsicht der Examensprotokolle hat sich gezeigt, dass sich die Fragen in den mündlichen Prüfungen des ersten und des zweiten juristischen Staatsexamens häufig gleichen. Tendenziell werden aber in der mündlichen Prüfung des zweiten Staatsexamens (»Praktikerexamen«) häufiger Fragen »aus der Praxis« gestellt. Diese Fragen, die für Erstexamenskandidaten (noch) von geringerer Relevanz sind, haben wir dabei mit blauer Schrift besonders kenntlich gemacht. Die nicht besonders gekennzeichneten Fragen sind sowohl für die mündliche Prüfung im ersten als auch im zweiten Examen von Relevanz.

Das Werk kann naturgemäß nicht die Aufgabe übernehmen, Grundlagen aus allen Rechtsgebieten zu vermitteln. Vielmehr ist es an typischen Prüfungsfragen orientiert, ohne aber in die Tiefen der Rechtsgebiete einzudringen. Auf Fußnoten und wissenschaftliche Nachweise haben wir aus Gründen der effizienten Prüfungsvorbereitung und Lesbarkeit weitestgehend verzichtet.[1] Vielmehr sollen Ihnen im Frage-Antwort-Stil kurze und präzise Antworten auf häufige Prüfungsfragen gegeben werden. Dadurch ist das Skript auch ideal für die Simulation mündlicher Prüfungen in der Lerngruppe geeignet. Aufgrund der Vielzahl an möglichen Fragen ist der hier aufbereitete Fragenkatalog natürlich in keinem Fall abschließend. Auch umfängliche Prüfungsfälle können aus Platzgründen in diesem Skript nicht auf mehreren Seiten wiedergegeben werden. Stattdessen geben wir Ihnen am Beginn eines jeden Kapitels Hinweise, welche Themen nach unserer Recherche in den mündlichen Prüfungen im Referen-

1 Im Folgenden wird lediglich die männliche Form verwendet; dies dient allein der besseren Lesbarkeit und Straffung des Textes. Weibliche Personen sind selbstverständlich gleichermaßen angesprochen.

dar- und Assessorexamen häufig abgefragt werden. Auf diese Themen sollten Sie sich daher noch einmal intensiver vorbereiten.

Ein letzter Tipp bevor es losgeht: Bevor Sie die Antwort auf eine Frage lesen, sollten Sie sich zunächst einmal in Ruhe die Möglichkeit geben, von alleine auf die richtige Antwort zu kommen. Machen Sie ruhig Fehler. Nur daraus lernen Sie!

Wir wünschen Ihnen viel Erfolg!

Die Verfasser veranstalten Wochenendseminare zur Vorbereitung auf die Examensklausuren im Assessorexamen in allen Rechtsgebieten und zur Vorbereitung auf die mündliche Prüfung. Im Tageskurs zur mündlichen Prüfung lenken wir Ihren Blick gezielt auf die Besonderheiten dieser letzten Prüfungsphase und beleuchten das Wichtigste zum Aktenvortrag sowie zum zivilrechtlichen, strafrechtlichen und öffentlich-rechtlichen Prüfungsgespräch. Außerdem behandeln wir aktuelle politische und gesellschaftliche Ereignisse mit Prüfungsrelevanz, da derartige »News« in der mündlichen Prüfung immer wieder regelmäßig abgefragt werden.

Nähere Informationen erhalten Sie unter **KAISER**SEMINARE

eMail: info@kaiserseminare.com; Internet: www.kaiserseminare.com

Lübeck und Düsseldorf, im Februar 2016 *Torsten Kaiser und Thomas Bannach*

2. Teil. Allgemeine Hinweise zur mündlichen Prüfung

Die mündliche Prüfung besteht typischerweise aus:

1. Absoluten Standardfragen (dafür dieses Buch!)
2. Dem Aktenvortrag (bis auf Bayern)
3. Kleineren Fällen, die häufig aus bereits gestellten Examensklausuren übernommen werden
4. Aktueller Rechtsprechung/Tagesgeschehen

zu 1. Mit diesem kurzen Skript möchten wir Sie umfassend auf die erste Säule Ihres Prüfungsgesprächs vorbereiten. Es enthält die immer wiederkehrenden Top-Prüfungsfragen einer Unmenge von uns analysierten Prüfungen. Wenn – oder besser weil – Sie nach der Lektüre dieses Skriptes auf diese Standard-Fragen der Praktiker souverän antworten können und der Prüfer den Eindruck bekommt, Sie kennen sich mit der Materie aus, wird er das bei der Punktevergabe honorieren.

Auch für die anderen Säulen Ihres Prüfungsgesprächs möchten wir Ihnen noch einige Tipps mit auf den Weg geben.

zu 2. Der Aktenvortrag hat in allen Bundesländern mit Ausnahme Bayerns eine zentrale Rolle in Ihrer mündlichen Prüfung. Seine Bewertung fließt – je nach Bundesland – mit einem Anteil von 6–16% in Ihre Gesamtbenotung ein. Er ist die vielzitierte »Visitenkarte« Ihrer mündlichen Prüfung und beeinflusst maßgeblich den ersten Eindruck, den Sie bei den Prüfern hinterlassen. Mit ihm können Sie Ihr rhetorisches Geschick, Ihre Argumentationskraft, Subsumtionsvermögen und den notwendigen »Blick für das Wesentliche« demonstrieren. Kurz gesagt: Ihre juristischen Qualitäten! Üben Sie daher Aktenvorträge! Ihre Bedeutung ist nicht zu unterschätzen.

Literaturliste zum Aktenvortrag:
Das Landesjustizprüfungsamt NRW stellt zweimal im Jahr Kurzvorträge zur Verfügung, die in der zweiten juristischen Staatsprüfung verwendet worden sind. Diese können Sie auf der Internetseite des Landesjustizprüfungsamtes kostenlos abrufen. Enthalten sind auch die **offiziellen Prüfervermerke**.

http://www.jm.nrw.de/JM/landesjustizpruefungsamt/juristischer_vorbereitungsdienst/kurzvortraege/index.php

Auch in der Zeitschrift Juristische Arbeitsblätter (JA) finden Sie sehr häufig einen Aktenvortrag.

a) Allgemeine Literatur zu Aktenvorträgen

v. Hartz/Streiter, Mündliche Prüfung und Aktenvortrag im Assessorexamen, JuS 2001, 790 ff.

Pagenkopf/Pagenkopf/Rosenthal, Der Aktenvortrag im Assessorexamen, 4. Aufl. 2010

Rosenberger/Solbach/Wahrendorf, Der Aktenvortrag im Zivilrecht, Strafrecht und Öffentlichen Recht, 5. Aufl. 2016

Schleif, Der Aktenvortrag im Assessorexamen, JA 2007, 716 ff.

b) Zivilrechtliche Aktenvorträge

Augsberg/Büßer, Der Kurzvortrag im Ersten Examen – Zivilrecht, 3. Aufl. 2015

Budde-Hermann/Schöneberg, Der Kurzvortrag im Assessorexamen Zivilrecht, 6. Aufl. 2009

Formann/Schroeder, Der zivilrechtliche Aktenvortrag aus Anwaltssicht im Assessorexamen, JA 2006, 47 ff.
Jäckel, Der zivilrechtliche Aktenvortrag im Assessorexamen, 4. Aufl. 2016
Theesfeld/Niederle, Der Aktenvortrag im Zivilrecht, 4. Aufl. 2011

c) Strafrechtliche Aktenvorträge

Augsberg/Mittler, Der Kurzvortrag im Ersten Examen – Strafrecht, 2. Aufl. 2013
Bozza/Bodden, Der Kurzvortrag im Strafrecht, JA 1998, 794 ff.
Charculla/Welzel, Referendarausbildung in Strafsachen, 3. Aufl. 2013
Kaiser/Schöneberg, Der Kurzvortrag im Assessorexamen, Strafrecht, 6. Aufl. 2009
Schmitz/Niederle, Der Aktenvortrag im Strafrecht, 4. Aufl. 2010
Solbach, 13 Regeln für den strafrechtlichen Aktenvortrag im Assessorexamen, JA 1995, 226 ff.

d) Öffentlich-rechtliche Aktenvorträge

Augsberg/Burkicmak, Der Kurzvortrag im Ersten Examen – Öffentliches Recht, 2. Aufl. 2012
Budde-Hermann/Schöneberg, Der Kurzvortrag im Assessorexamen, Öffentliches Recht, 4. Aufl. 2009
Janssen/Niederle, Der Aktenvortrag im öffentlichen Recht, 4. Aufl. 2011
Kerst, Der öffentlich-rechtliche Aktenvortrag im Assessorexamen, 4. Aufl. 2016
Kerst, Der öffentlich-rechtliche Aktenvortrag, JA 2010, 374 ff.
Kintz, Öffentliches Recht im Assessorexamen, 9. Aufl. 2015, §§ 71–74
Schütz, Der öffentlich-rechtliche Kurzvortrag im Assessorexamen, VBlBW 1999, 351 ff.

e) Arbeitsrecht

Homann/Suckow, Der Kurzvortrag im Assessorexamen, Arbeitsrecht, 5. Aufl. 2015

zu 3. Häufig werden auch ehemalige Examensklausuren der letzten Termine in der mündlichen Prüfung abgefragt.[2] Warum das so ist, sollte jedem klar sein: Meist hat der Prüfer diese Klausuren selbst korrigiert und kennt daher den Sachverhalt bestens. Daneben musste er sich auch nicht selbst um eine Lösung bemühen, sondern es gibt eine Musterlösung vom Justizprüfungsamt. Das ist für den Prüfer ebenfalls von Vorteil. Manche Prüfer haben bei kurzfristigen Prüfervertretungen auch einfach keine Zeit, sich auf die Prüfung intensiv vorzubereiten. Sie erhalten dann auf Anfrage vom Justizprüfungsamt einen Stapel alter Klausuren. An dieser Stelle kommt Ihre Eigeninitiative zum Tragen: Besorgen Sie sich die Klausuren der letzten Monate oder bringen Sie zumindest in Erfahrung, welche Themen abgefragt wurden (zB über die bekannten juristischen Fachforen wie www.juraexamen.com und www.forum-zur-letzten-instanz.de oder über die Wochenendseminare der Kaiserseminare) und bereiten Sie sich auf diese Themen vor.

zu 4. Vor allem Richter bauen in ihr Prüfungsgespräch häufig aktuelle (obergerichtliche) Urteile ein. Wenn Ihnen in der mündlichen Prüfung ein solcher Fall begegnet und Sie diesen im Vorfeld gelesen haben, ist das natürlich ein Grund zur Freude! Sie sollten den Prüfer aber vor lauter Begeisterung nicht sofort mit der Kenntnis der Entscheidung konfrontieren. Sie laufen sonst Gefahr, seinen Zeitplan und seine Prüfungsstrategie zu zerstören. Dass sich das nicht sonderlich positiv auf Ihre Benotung auswirken wird, dürfte klar sein. In solchen Fällen ist es daher sinnvoller, strukturiert

2 Machen Sie sich aber keine Hoffnung, dass gerade Klausuren aus Ihrem Prüfungstermin abgefragt werden, das wäre ein bisschen zu einfach.

an den Fall heranzugehen und die Probleme des Falles zu entwickeln, anstatt lapidar mitzuteilen, wie etwa der BGH oder das BVerfG vor kurzem dazu entschieden hat.

Häufig wird in der mündlichen Prüfung auch aktuelles Tagesgeschehen mit seinen rechtlichen Bezügen diskutiert. Von der Agentenstory (»Meine Frau will Herrn Snowden Asyl gewähren. Geht das? Was fällt Ihnen dazu ein?«) über den ehemaligen Präsident des FC Bayern München (»Was ist eine Selbstanzeige?« »Was wäre passiert, wenn Herr Hoeneß in der Revisionsinstanz neue Kontoauszüge vorgelegt hätte?« »Warum durfte Uli Hoeneß das Champions League Finale am 24.5. auf der Tribüne der Alliánz-Arena schauen und war noch nicht im Gefängnis? Er wurde doch schon am 13.5. zu einer Haftstrafe verurteilt?«) über den »Kunst-Krimi« (Fall »Gurlitt«: »Wem gehören die Bilder? Wer hat Ansprüche?«) bis hin zum Zahngold (»Wie macht sich der Angestellte eines Krematoriums strafbar, wenn er die Goldzähne aus der Asche des Verstorbenen an sich nimmt?«) ist hier alles möglich. Und wenn unser Bundespräsident es (vorläufig) ablehnt, das Gesetz zur Erhöhung der Abgeordnetenbezüge zu unterzeichnen, sollten Sie sich noch einmal mit dem Prüfungsrecht des Bundespräsidenten beschäftigten. In den letzten Wochen vor der mündlichen Prüfung sollten Sie außerdem nicht nur eine gute Tageszeitung (F.A.Z. oder S.Z.) lesen, sondern sich auch mit gesetzlichen Bestrebungen und rechtspolitischen Diskussionen (zB die aktuelle Diskussion über die Reform der Tötungsdelikte: »Aus welcher Zeit stammt der Mord-Paragraph? Warum ist er so problematisch?«) oder brisanten gesellschaftlichen Fragestellungen (zB Beschneidung als Körperverletzung; Gerichtsöffentlichkeit beim NSU-Prozess) beschäftigen. Auch die Tagesschau könnte nicht schaden. Wenn es Ihre Nerven zulassen, sollten Sie auch am Prüfungstag selbst noch einen kurzen Blick in die Tageszeitung werfen und nach interessanten Anhaltspunkten für Fragen Ausschau halten. Es wäre nicht das erste Mal, dass ein Prüfer seine Tageszeitung mit in die Prüfung nimmt und mit den Worten beginnt: »Heute morgen stand in der Zeitung: (…), was halten Sie davon?«. Auch der letzte »Tatort« und die Zulässigkeit der eigenwilligen Ermittlungsmethoden von »Ballauf und Schenk« (»Im Tatort gestern Abend hat Ballauf dem Zeugen gesagt, er dürfe die Stadt in den nächsten Tagen nicht verlassen. Ist das zulässig? Nach welcher Norm?«) waren schon häufiger Einstieg in ein Prüfungsgespräch. Wenn Ihre mündliche Prüfung in den zeitlichen Dunstkreis einer Wahl fallen sollte, sollten Sie sich auch einmal über Überhang- und Ausgleichsmandate oder sonstige wahlspezifische Themen informieren.

Zusätzlich zu der Lektüre einer guten Tageszeitung sollten Sie die üblichen juristischen Fachzeitschriften NJW, JUS, und die JA der letzten drei bis vier Monate vor Ihrer Prüfung lesen. Besitzer eines Smartphone können sich zusätzlich die kostenlose juris Nachrichten-App installieren. Sie bietet Nachrichten aus dem Rechtsportal von juris.de und ausgewählte Beiträge zu aktuellen Gerichtsentscheidungen.

Auch das Internet bietet hervorragende Möglichkeiten zur Prüfungsvorbereitung:

Jeden Donnerstag sollten Sie sich unbedingt die Rubrik »Recht und Steuern« auf der Internetseite der F.A.Z. zu Gemüte führen. Empfehlenswert ist ebenso die Legal Tribune Online (www.lto.de), der Nachrichtenticker des Beck-Verlages (http://beck-aktuell.de), die Seite www.juraexamen.info und die Seite www.andreaklamser.de (im Menü erst auf »Repetitorium« und dann auf »Aktuell« klicken). Um sicherzugehen, dass Ihnen kein wichtiges Urteil oder eine Pressemitteilung der Bundesgerichte entgeht, sollten Sie sich auch auf den Onlineauftritten des Bundesgerichtshofes (www.bundesgerichtshof.de), des Bundesverfassungsgerichts (www.bundesverfassungsgericht.

de) und des Bundesverwaltungsgerichts (www.bundesverwaltungsgericht.de) schlau machen und zumindest die Pressemitteilungen lesen. Für das Zivilrecht sollten Sie auch die Rechtsprechung des OLG Hamm aufmerksam verfolgen, da diese schon häufiger Prüfungsgegenstand war. Für das öffentliche Recht sollten Sie die Rechtsprechung des entsprechenden Oberverwaltungsgerichts Ihres Landes im Blick haben.

Unabdingbar ist zudem der Besuch einer mündlichen Prüfung. Dort können Sie sich schon einmal mit der Atmosphäre im Prüfungssaal vertraut machen. Sie werden sehen, dass Ihre Angst vor der mündlichen Prüfung schwindet. Die Prüfer sind in der Regel wohlwollend und wollen den Kandidaten helfen. Wo allerdings nichts ist, kann selbst der zuvorkommendste Prüfer auch nichts mehr herausholen. Auch für den Prüfer ist es ein Erfolgserlebnis, wenn sein Fall glatt durchläuft und er den Kandidaten nicht die Würmer einzeln aus der Nase ziehen muss. Dies wirkt auch auf die anderen Mitprüfer ermüdend.

Wie ein Prüfungsgespräch im Zivilrecht ablaufen könnte, können Sie etwa bei *Wagner* JA 2013, 454 ff. oder *Carlitz/Klein/Walters* JA 2008, 621 ff. nachlesen. Ein mündliches Prüfungsgespräch im Strafrecht finden Sie etwa in JA 2015, 862 ff.

3. Teil. Zur Aussagekraft von Prüfungsprotokollen

Prüfungsprotokolle sind ohne Zweifel sinnvoll und für eine gute Vorbereitung notwendig. Schließlich dienten Sie uns auch als Basis, um die regelmäßig gestellten Prüfungsfragen und -themen herauszufiltern. Sie sollten aber nicht immer alles auf die Goldwaage legen, was darin über »Ihren« Prüfer, seine Persönlichkeit und die abgefragten Rechtsgebiete steht. Denn die Prüfer sind nicht immer so protokollfest, wie es die Protokolle glauben machen wollen. Sie sollten nicht dem Irrglauben erliegen, etwa nur Schuldrecht zu lernen, weil Prüfer X das nach der Meinung Ihres Vorgängers immer prüft. Durch solche gut gemeinten Tipps sind schon viele Ihrer Vorgänger böse auf die Nase gefallen. Es kann sein, dass Herr Richter am AG Dr. X schwerpunktmäßig Mietrecht prüft. Er kann aber natürlich auch die anderen Rechtsgebiete prüfen. Diese sollten Sie daher nicht vernachlässigen. Vielleicht hat er gerade einen interessanten Fall aus dem Reiserecht auf seinem Schreibtisch und möchte den gerne mit Ihnen diskutieren? Oder er prüft normalerweise »immer« Vermögensdelikte. Angesichts des NSU-Prozesses möchte er aber mal ein paar prozessuale Besonderheiten dieses Falles (Gerichtsöffentlichkeit?) von Ihnen erläutert haben?

Dazu noch eine kleine Anekdote, die Ihnen diese Gefahr veranschaulichen soll. In den Protokollen ist uns ein Prüfer in Erinnerung geblieben, der seit den Protokollen der letzten zehn Jahre immer nur Verkehrsunfallrecht prüfte, da er Richter eines OLG-Senats für Verkehrsunfallsachen war und dazu auch an einer Kommentierung mitgeschrieben hat. In den Prüfungen hat er bislang immer alte Spielzeugautos seiner Kinder mitgebracht und auf einem Verkehrs-Spieleteppich gegeneinander krachen lassen. Die Prüflinge sollten dann §§ 7, 18, 17 StVG und §§ 823 ff. BGB prüfen und Haftungsquoten bilden. In der besagten Prüfung hatten sich vier von fünf Prüflingen ausschließlich auf diese Materie vorbereitet, es stand ja schließlich in den Protokollen. Ein Prüfling aber hatte kurz vor seiner Prüfung beim OLG angerufen und herausbekommen, dass der besagte OLG-Richter vor wenigen Wochen befördert worden war und als Vorsitzender einen Senat für Handelsmakler-/Handelsvertreter-Recht übernommen hatte. Er bereitete sich also ein wenig auf eine mögliche Prüfung der §§ 84 ff. HGB vor. In der mündlichen Prüfung selbst hatten die übrigen Prüflinge schon bei Beginn der Prüfung § 7 StVG aufgeschlagen und freuten sich schon auf die Spielzeugautos und den Verkehrs-Spieleteppich. Geprüft wurden dann die Grundzüge der §§ 84 ff. HGB. Der gewitzte Kandidat bekam die volle Punktzahl.

Überschätzen Sie also nicht die Aussagekraft der Protokolle. Bei vielen merkt man auch deutlich, dass der Prüfling keine Lust hatte, das Protokoll zu verfassen, weil er gerade die »schlimmste Prüfung seines Lebens« hinter sich hatte. Was wir Ihnen damit sagen wollen: Lesen Sie die Protokolle kritisch und hinterfragen Sie sie. Die Protokolle sollten Ihnen nur eine gewisse Tendenz geben, auf welches Thema oder Rechtsgebiet Sie sich vielleicht besonders gut vorbereiten sollten.

4. Teil. Der Prüfer – Das unbekannte Wesen?!

Genauso wichtig wie die Lektüre der Protokolle ist es, das Dezernat oder den Fachbereich der einzelnen Mitglieder Ihrer Prüfungskommission herauszubekommen. Denn Prüfer prüfen naturgemäß gerne und oft die Themen ab, in denen Sie zu Hause sind. Wenn Sie also die Namen der Prüfer erfahren haben, sollten Sie Folgendes machen: »Scannen« Sie Ihre Kommission bei beck-online, juris und google. Bekommen Sie heraus, was Ihre Prüfer veröffentlicht haben und über welches Thema sie ggf. promoviert haben.

Informieren Sie sich, wofür die richterlichen Prüfer bei ihrem jeweiligen Gericht zuständig sind. Welche Rechtsgebiete bearbeiten sie schwerpunktmäßig? Dafür schauen Sie in den Geschäftsverteilungsplan, der ja nach dem GVG öffentlich ist. Das machen Sie entweder über das Internet oder – noch besser, weil aktueller – Sie rufen bei der Gerichtsverwaltung an und fragen nach der Zuständigkeit Ihres Prüfers.

Wenn Ihr Prüfer Fachanwalt ist, schauen Sie, welchen konkreten Fachanwalts-Titel und welche Schwerpunkte seine Kanzlei hat. Das erfahren Sie am schnellsten über die Kanzleihomepage, die Rechtsanwaltskammer oder den Anwaltsverein.

Wenn Sie einen Verwaltungsjuristen als Prüfer haben, sollten Sie sich genauer darüber informieren, welche Stellung er in der Behörde oder Körperschaft hat und was er Tag für Tag bearbeitet. Wenn er etwa bei der unteren Abwasserbehörde arbeitet, sollten Sie sich zB mal etwas tiefer mit der Vollstreckung von Abwassergebühren auseinandersetzen.

Wenn Ihr Prüfer Staatsanwalt ist, sollten Sie sich informieren, in welcher Abteilung er tätig ist. Sitzt er in der Abteilung für Allgemeine Strafsachen oder macht er möglicherweise Allgemeine Wirtschaftsstrafsachen?

Wenn Sie diese Informationen haben, sollten Sie gewisse juristische Dokumente, Register und Verzeichnisse einsehen, um gewappnet zu sein:

Wenn Sie etwa ein Notar oder Amtsrichter aus der Grundbuchabteilung prüft, sollten Sie schon mal ein Grundbuch gesehen haben und gewisse Sachen dazu wissen: Wo wird es geführt: Am Amtsgericht. Wer führt es: Der Rechtspfleger. Wie ist es grob aufgebaut? Was steht wo?

Wenn Sie ein Richter aus der Kammer für Handelssachen prüft, sollten Sie sich vor Ihrer Prüfung mal das Handelsregister anschauen etc.

5. Teil. Präziser juristischer Ausdruck

Die Sprache ist das Handwerkszeug des Juristen. Sie müssen das juristische Vokabular unbedingt fehlerfrei beherrschen und sich präzise ausdrücken. Hier zwei Negativbeispiele aus einer mündlichen Prüfung.

Beispiel 1: Prüfling A sagt: »Wenn der Käufer dieses Haus kaufen will, muss der Kaufvertrag nach § 311b BGB notariell beurkundet werden.« Die Prüfer notieren sich das still und leise und zumindest der Prüfer im Zivilrecht weiß ab diesem Zeitpunkt, dass dieser Prüfling sein juristisches Vokabular nicht gut beherrscht. Richtig wäre gewesen: »Wenn der Käufer dieses Hausgrundstück kaufen will, muss der Kaufvertrag nach § 311b BGB notariell beurkundet werden.« Denn das Haus ist nach § 94 I BGB wesentlicher Bestandteil des Grundstücks.

Beispiel 2: Prüfling B sagt, »der Bebauungsplan bedarf wie alle Äußerungen der Staatsgewalt, die dem Bürger gegenüber Verbindlichkeit beanspruchen, aufgrund des Rechtsstaatsprinzips notwendig der Verkündigung.« Richtig wäre hier: »Verkündung«. Verkündigung ist ein Begriff, der vor allem in der Theologie Bedeutung hat und soviel wie »feierlich kundtun« bzw. »predigen« bedeutet. Und das passt hier nun wirklich nicht. Gerade diese Feinheiten unterscheiden den guten vom weniger guten Juristen.

6. Teil. Typische Arbeitsschritte eines Praktikers

Im Folgenden möchten wir Ihnen die typischen ersten Arbeitsschritte aufzeigen, die ein Praktiker vornimmt, wenn er eine neue Akte bzw. einen neuen Fall bekommt. Viele Prüfer, vor allem die Anwälte, reagieren empfindlich, wenn die Prüflinge dieses »ABC der Praxis« nicht kennen. Sie reagieren mit Unverständnis, da es für sie den täglichen Arbeitsablauf widerspiegelt nach dem Motto: »Wie wollen Sie Anwalt werden, wenn Sie nicht wissen, was Sie den Mandanten als Erstes fragen?«. Auch Richter beklagten sich zeitweise, dass die Prüflinge zwar noch die exotischste Theorie zu einer Thematik wissen, die in der Praxis keine Rolle spielt, gleichzeitig aber mit der Frage nach den »ersten Maßnahmen« bei einer neuen Akte völlig überfordert sind.

A. Rechtsanwalt

Der Mantel ist abgelegt, der Mandant sitzt vor dem Schreibtisch. Ein dampfender Kaffee ist angeboten und die üblichen Begrüßungsfloskeln sind ausgetauscht.

Der Rechtsanwalt wird den Mandanten als Erstes fragen, wer der mögliche Gegner ist.

Denn wenn der Rechtsanwalt den möglichen Gegner bereits beraten oder sogar vertreten hat, dürfte er bei einem möglichen Prozess jetzt nicht auf der »anderen Seite« auftauchen, sonst würde er nicht nur gegen berufsrechtliche Regelungen verstoßen (vgl. § 43a BRAO iVm § 3 BORA), sondern sich möglicherweise auch nach § 356 StGB strafbar machen.

Sollte der Gegner kein Mandant des Rechtsanwalts sein, wird der Anwalt den Mandanten fragen, worum es in dem Fall geht. Es folgen Informationen zu den auftretenden Kosten und die Belehrung darüber, dass sich die Kosten ggf. nach dem Gegenstandswert berechnen. Es schließt sich ggf. der Hinweis auf Beratungshilfe/Prozesskostenhilfe an. Der Rechtsanwalt kann von dem Mandanten nach § 9 RVG einen Kostenvorschuss verlangen. Dann wird in der Sache beraten und der Mandant wird dem Rechtsanwalt eine Vollmacht unterzeichnen (§ 174 BGB). Jetzt kann die eigentliche Mandatsarbeit beginnen.

Vor Ihrer mündlichen Prüfung sollten Sie sich auch einen Überblick über das anwaltliche Berufsrecht und die Anwaltshaftung verschaffen. Auch die Grundzüge des Kostenrechts müssen sie beherrschen.[3] Das anwaltliche Berufsrecht ist vor allem in der Bundesrechtsanwaltsordnung (BRAO) geregelt (nicht zu verwechseln mit der bis 2004 geltenden BRAGO, der Bundesrechtsanwaltsgebührenordnung). In der BRAO finden sich grundlegende Vorschriften über die Stellung des Rechtsanwalts in der Rechtspflege, die Zulassung zur Rechtsanwaltschaft und ihr Erlöschen, Rechten und Pflichten des Rechtsanwalts, Informationen über Rechtsanwaltskammern (= Körperschaften des öffentlichen Rechts) etc. Ergänzt wird die BRAO durch die Berufsordnung für Rechtsanwälte (BORA). Sie ist eine von den gewählten Vertretern der

3 Für die Kosten im Zivilprozess etwa *Kaiser/Kaiser/Kaiser*, Die Anwaltsklausur Zivilrecht, 6. Aufl. 2015, Rn. 15.

Rechtsanwälte der Bundesrepublik Deutschland selbst gegebene Berufsordnung und als Satzung von der Satzungsversammlung der Bundesrechtsanwaltskammer erlassen. Sie normiert etwa Pflichten bei der Berufsausübung, besondere Pflichten im Zusammenhang mit Werbung und besondere Berufspflichten bei der Annahme, Wahrnehmung und Beendigung eines Mandats. Für Fachanwälte oder solche die es werden wollen, gilt darüber hinaus noch die Fachanwaltsordnung (FAO). Von herausragender Bedeutung für alle Rechtsanwälte ist überdies das Rechtsanwaltsvergütungsgesetz (RVG), welches die gesetzliche Grundlage für die Abrechnung der Vergütung der Rechtsanwälte bildet.

B. Staatsanwalt

Der Staatsanwalt prüft bei einer neuen Akte als erstes seine Zuständigkeit. In der Abteilung für allgemeine Strafsachen erfolgt die Abgrenzung häufig nach dem Anfangsbuchstaben des Nachnamens des erstgenannten Beschuldigten und nach der Art des Delikts: Ist eine Spezialabteilung (zB Betäubungsmittel, Kapitaldelikte, Wirtschaftsstrafsachen oder organisierte Kriminalität, vgl. Nr. 17 OrgStA NRW) oder der Amtsanwalt (im Bereich der leichteren Kriminalität, vgl. Nr. 19 OrgStA NRW) zuständig? Bei Abteilungen, in denen Verfahren gegen Jugendliche und Heranwachsende bearbeitet werden, richtet sich die Zuständigkeit meist nach dem Wohnort des Beschuldigten (»Staatsanwalt für den Ort«). Im Falle der Unzuständigkeit wird das Verfahren an die zuständige Abteilung bzw. zuständige Staatsanwaltschaft abgegeben. Anschließend wird er sich in aller Regel zunächst den Bundeszentralregisterauszug (BZR) des Beschuldigten und die interne Verfahrensliste anschauen, um ein Gefühl dafür zu bekommen, mit wem er es zu tun hat.

Wenn die Akte nicht von der Polizei kommt, wird diese häufig nach Prüfung des Anfangsverdachts zunächst an diese abgegeben, etwa zur Vernehmung von Zeugen. Wurde die Akte von der Polizei übersandt und sind somit bereits Ermittlungen getätigt worden, so liest der Staatsanwalt als erstes die Übersendungsverfügung und ggf. einen Schlussbericht, um zu prüfen, ob noch etwas zu veranlassen ist. Hierin befinden sich neben der Zusammenfassung und den wesentlichen Ermittlungsergebnissen oftmals Anregungen, bestimmte Beschlüsse des Ermittlungsrichters zu beantragen bzw. selbstständige Ermittlungen zu führen (zB Durchsuchungsbeschlüsse oder justizielle Rechtshilfeersuchen an andere Staaten).

Wurde die Akte nach Abschluss sämtlicher Ermittlungstätigkeiten wieder zurück übersandt, muss der Dezernent über den Abschluss des Ermittlungsverfahrens entscheiden. In der Regel bedeutet dies: Anklage oder Einstellung? Sind Bescheide oder Nachrichten zu versenden und Asservate abzuwickeln? Ist U-Haft zu beantragen? Bei welchem Gericht soll die öffentliche Klage erhoben werden?

C. Richter (Zivilgericht)

Die Klageschrift geht auf dem Postweg oder per Telefax bei der Posteingangsstelle ein, erhält einen Eingangsstempel und wird von den Mitarbeitern der Posteingangsstelle bzw. der zentralen Eingangsgeschäftsstelle bei größeren Gerichten der zuständigen Kammer (Landgericht)/der zuständigen Abteilung (Amtsgericht) zugeordnet. Die Zuständigkeit der Kammern und die Verteilung auf diese sind im Geschäftsverteilungsplan des Gerichts geregelt, damit bereits vor dem Eingang einer Sache feststeht, wer sie funktional bearbeiten wird (wichtig wegen der Wahrung des Anspruchs auf den gesetzlichen Richter, Art. 101 I 2 GG). Dann geht die Akte zur Kammer/Abteilung bzw. zu deren Geschäftsstelle/Service-Einheit. Dort stellt sich dann die Frage, ob ein originärer Einzelrichter (§ 348 ZPO) oder die Kammer zuständig ist. Neben dem für das ganze Gericht geltenden Geschäftsverteilungsplan hat jede Kammer zudem ihren eigenen kleinen Geschäftsverteilungsplan, der meist im Turnussystem nach Ziffernaufteilung funktioniert. Je nach Fall entscheidet dann die Kammer, ob die Sache in einer Kammersitzung oder auf den (obligatorischen) Einzelrichter (§ 348a ZPO) übertragen und von diesem entschieden werden soll. Der Zivilrichter stellt sich dann die Frage, ob ein schriftliches Vorverfahren (§ 276 ZPO) oder ein früher erster Termin (§ 275 ZPO) angeordnet wird, § 272 II ZPO. Ein früher erster Termin bietet sich bei einfach gelagerten Fällen und zB Nachbarstreitigkeiten an, bei denen ein früher Einigungsvorschlag sinnvoll erscheint. Regelmäßig wird der Richter jedoch eine der vorgenannten verfahrensleitenden Verfügungen nur dann erlassen, wenn der erforderliche Kostenvorschuss eingezahlt ist (§ 12 GKG). Ein schriftliches Vorverfahren ist etwa bei solchen Fällen zweckmäßig, bei denen es uU Sinn macht, zum Termin vorbereitend Zeugen zu laden, oder wenn die Sache zunächst »ausgeschrieben« werden soll (zB Verkehrsunfälle, Bausachen etc.). Zudem bietet die Anordnung des schriftlichen Vorverfahrens den Vorteil, dass bei unterbliebener Verteidigungsanzeige bei Schlüssigkeit der Klage auf Antrag des Klägers Versäumnisurteil ergehen kann (§ 331 III ZPO). Dies kann mit Blick auf die bei manchen Gerichten vorherrschenden Terminsvorlaufzeiten einen entscheidenden Unterschied machen.

D. Richter (Strafgericht)

Der Richter in Strafsachen erhält die Anklageschrift (bzw. Antragsschrift im beschleunigten Verfahren) mit der Ermittlungsakte von der Staatsanwaltschaft nach Abschluss der Ermittlungen übersandt. Die Verfahrensherrschaft ist damit auf das Gericht übergegangen (Zwischenverfahren). Sofern sich der Richter entscheidet, das Hauptverfahren zu eröffnen, wird die Anklageschrift dem oder den Angeschuldigten zugestellt. Weitere Ermittlungen sind ebenfalls möglich. Sofern die Anklage zur Hauptverhandlung zugelassen wird, ist in dem Eröffnungsbeschluss uU über Haftfortdauer und Pflichtverteidigerbestellung zu entscheiden. Zur Hauptverhandlung müssen Beteiligte, Zeugen und uU Dolmetscher geladen werden.

Als Ermittlungsrichter entscheidet der Richter über die Rechtmäßigkeit von geplanten Grundrechtseingriffen nach der StPO im Ermittlungsverfahren, die der mit dem Verfahren betraute Dezernent, der staatsanwaltliche Eildienst oder zum Teil, bzw. auch über bereits durchgeführte Maßnahmen, die nicht bereits aufgrund eines richterlichen Beschlusses durchgeführt worden sind.

E. Richter (Verwaltungsgericht)

Da die wenigsten Referendare eine Station bei der Verwaltungsgerichtsbarkeit absolvieren, soll die praktische Arbeit eines Verwaltungsrichters etwas ausführlicher dargestellt werden.

Zunächst geht die Klageschrift bei der Posteingangsstelle des Gerichts ein. Dort erhält sie einen Eingangsstempel. Anhand dieses Stempels kann später überprüft werden, ob die ggf. einschlägige Klagefrist nach § 74 I VwGO eingehalten wurde. Nach § 81 I 2 VwGO kann die Klage auch zur Niederschrift des Urkundsbeamten der Geschäftsstelle erhoben werden. Möglich ist ebenfalls eine Klageerhebung per Telefax oder Telegramm. Wenn bei dem Verwaltungsgericht die Übermittlung durch elektronische Dokumente zugelassen ist, können nach §§ 55a/b VwGO auch elektronisch signierte Dokumente eingereicht werden. In NRW können seit dem 1.1.2013 beim OVG Münster und den Verwaltungsgerichten Klage- und Antragsschriften sowie sonstige Schriftsätze und Erklärungen auch in elektronischer Form eingereicht werden.

Den weiteren Verfahrensablauf legt die Justizverwaltung oder die Gerichtsleitung durch Weisung fest; er ist daher nicht für alle Verwaltungsgerichte einheitlich. Unabhängig von diesen Unterschieden wird der Klageschrift aber als Erstes ein Aktenzeichen zugeteilt. Es besteht in der Regel aus der Nummer der zuständigen Kammer, einer fortlaufenden Nummer der insgesamt bei dem Verwaltungsgericht eingegangen Verfahren des jeweiligen Jahres und der Jahreszahl, etwa »3 K 552/13« (= das 552. Verfahren der dritten Kammer im Jahre 2013). Bestehen Zweifel, welche Kammer für ein Verfahren zuständig ist, entscheidet das Präsidium des Gerichts, § 4 VwGO iVm § 21a ff. GVG. Das »K« im Aktenzeichen bedeutet, dass es sich um ein Hauptsacheverfahren handelt. Eilverfahren haben ein »L« nach der ersten Ziffer.

Der Vorsitzende überfliegt die Akte zunächst und prüft unter anderem, welche Rechtsschutzziele der Kläger verfolgt. Anschließend wird er die Akte dem Berichterstatter zuordnen, der nach dem Kammergeschäftsverteilungsplan dafür zuständig ist (vgl. § 82 II 1 VwGO iVm § 21g I GVG). Diese Zuordnung erfolgt in der Regel nach abstrakten Kriterien, etwa nach Sachgebieten, zB Baurecht, Handwerksrecht etc. oder nach Endziffern bei großen Gerichten mit stark spezialisierten Kammern. Diese Kriterien ergeben sich aus einem Kammerbeschluss, der meist zum Beginn eines Geschäftsjahres festgelegt wird aber natürlich nach Bedarf geändert bzw. neugefasst werden kann (zB wenn ein Proberichter in die Kammer eintritt), § 21g II GVG. In der Regel werden die meisten Entscheidungen nicht in der Kammer getroffen, sondern auf den Einzelrichter übertragen, § 6 VwGO. Zu beachten ist aber, dass ein Richter auf Probe im ersten Jahr nach der Ernennung keine Entscheidung als Einzelrichter treffen kann, § 6 I 2 VwGO. Hierdurch soll sichergestellt werden, dass nur ein Richter mit hinreichender richterlicher Erfahrung die besonders verantwortungsvolle Tätigkeit des Einzelrichters ausübt. Alle Verfahren des Proberichters müssen daher im ersten Jahr mit der Kammer gemeinsam beraten und entschieden werden. Etwas anderes gilt aber für Asylverfahren nach § 76 V AsylVfG. Hier kann ein Proberichter bereits nach sechs Monaten als Einzelrichter entscheiden.

Welcher Berichterstatter zuständig ist, ergibt sich wie bereits angesprochen aus dem kammerinternen Geschäftsverteilungsplan. Der Vorsitzende vermerkt auf der Klageschrift im Anschluss die Nummer des Sachgebiets der Klage (zB 04 23 für Gaststättenrecht beim VG Aachen). Anschließend wird die Geschäftsstelle mit einem Stempel eine Zählkarten-Nummer vergeben. Nach dieser kammerinternen Vorbereitung wird die Klageschrift an die Posteingangsstelle zurückgeleitet, wo sie im EDV-System erfasst und eine Akte angelegt wird.

Nach der »Rückkehr« der Akte auf der Geschäftsstelle bereitet der Urkundsbeamte bzw. Mitarbeiter der Geschäftsstelle die Eingangsverfügung des Vorsitzenden vor. Diese wird meist zunächst noch einmal dem Berichterstatter vorgelegt, der sie ggf. ergänzt, korrigiert und bei dieser Gelegenheit vor allem auch den vorläufigen Streitwert festsetzt, soweit dies erforderlich ist. In der Eingangsverfügung verfügt der Vorsitzende, dass die Klageschrift an den Beklagten nach § 56 II VwGO zugestellt wird. Zugleich fordert der Vorsitzende den Beklagten auf, sich schriftlich zu äußern, § 85 S. 2 VwGO. Wegen der ausdrücklichen Bezugnahme auf § 81 I 2 VwGO kann die Äußerung des Beklagten auch zur Niederschrift des Urkundsbeamten der Geschäftsstelle abgegeben werden. Der Vorsitzende kann dem Beklagten zudem eine Frist zur Abgabe der Klageerwiderung setzen. In der Regel werden in der Eingangsverfügung bereits weitere Anordnungen nach §§ 87 I 2 Nr. 1–4, 87b I, II, 99 I 1 VwGO getroffen, etwa zur Art und Weise der Akteneinsicht nach § 100 VwGO. Dadurch soll das Verfahren von Anfang an beschleunigt werden. Der Kläger bzw. dessen Prozessbevollmächtigter erhält eine Eingangsbestätigung seiner Klage (mit Eingangsdatum und dem Aktenzeichen).

Bis die Klageerwiderung eingeht, verbleibt die Akte in der Regel auf der Geschäftsstelle. Diese überwacht die Wiedervorlagefrist und erinnert die Beteiligten ggf. an die Erinnerung der vom Vorsitzenden oder des Berichterstatters getroffenen Verfügungen. Diese werden zwar häufig von der Geschäftsstelle vorbereitet, sofern der Mitarbeiter der Geschäftsstelle diese sog. »Richterassistenz« durchführen kann. Die möglicherweise von der Geschäftsstelle vorbereiteten Verfügungen müssen aber immer vom zuständigen Richter bzw. Berichterstatter mit Paraphe und Datum abgezeichnet werden.

Wenn die Klageerwiderung eingeht, wird eine Kopie derselben an den Kläger bzw. an dessen Prozessbevollmächtigten übersendet und er ggf. um Stellungnahme gebeten. Vor dem Verhandlungstermin wird entschieden, ob die Sache auf den Einzelrichter übertragen wird. Wenn das der Fall ist, bestimmt der Berichterstatter den Verhandlungstermin, ansonsten der Vorsitzende. Ein Verhandlungstermin kann nach § 102 III VwGO entweder am Gerichtsort, aber auch außerhalb des Gerichtssitzes durchgeführt werden, etwa in einem anderen Gebäude, in einem Krankenhaus oder auf einem Baugrundstück. Voraussetzung dafür ist, dass die Verhandlung an einem anderen Ort voraussichtlich zu einer wesentlichen Vereinfachung und Beschleunigung des Verfahrens beitragen wird, etwa weil eine Augenscheinseinnahme nötig ist oder der auswärtige Sitzungsort für die Beteiligten günstiger ist.

Die Beteiligten werden zu dem Verhandlungstermin mit einer Ladungsfrist von mindestens zwei Wochen geladen, wobei die Frist in dringenden Fällen auch verkürzt werden kann, § 102 I VwGO. Die Ladung wird nach § 56 VwGO förmlich zugestellt.

Nach der mündlichen Verhandlung fertigt der Berichterstatter innerhalb von zwei Wochen einen Entscheidungsentwurf an, § 116 II VwGO. Dieser wird von allen daran mitwirkenden Berufsrichtern gelesen (ggf. korrigiert) und unterschrieben. Das Urteil wird im Anschluss den Beteiligten gegen Zustellungsnachweis (Zustellungsurkunde bei nicht vertretenen Beteiligten, gegen Empfangsbekenntnis bei Rechtsanwälten oder Behörden) zugestellt. Die Geschäftsstelle trägt das Verfahren aus der EDV aus, füllt die Zählkarte aus und wird die weiteren Schritte zur Abrechnung der Gerichtskosten und der außergerichtlichen Kosten justizintern veranlassen. Es wird eine Wiedervorlage entsprechend der Rechtsmittelfrist verfügt. Wenn kein Rechtsmittel eingelegt wird, teilt die Geschäftsstelle den Beteiligten das Datum der Rechtskraft mit und schickt die beigezogenen Akten bzw. Verwaltungsvorgänge zurück. Wenn ein Rechtsmittel eingelegt wird, werden diese Akten vom Vorsitzenden dem entsprechenden Rechtsmittelgericht vorgelegt.

F. Verwaltungsjurist

Verwaltungsjuristen sind alle Juristen, die im öffentlichen Dienst (außerhalb der Justiz) arbeiten. Ihre Tätigkeit umfasst je nach Aufgabenprofil verwaltende, rechtsberatende aber auch rechtsgestaltende Aufgaben (etwa im Bundesministerium für Justiz oder der Hochschulverwaltung: Gesetzesentwürfe oder auch Prüfungssatzungen konzipieren). Häufig beinhaltet sie auch die gerichtliche Vertretung der eigenen Behörde. Wegen der Vielgestaltigkeit der Aufgaben kann diese juristische Berufsgruppe nicht in ein typisches »Arbeitsschritte-Schema« gepresst werden und wird nur der Vollständigkeit halber erwähnt.

Gemeinsam sind allen Verwaltungsjuristen nur zwei Dinge: Bevor der typische Verwaltungsjurist tätig wird, prüft er als erstes seine Zuständigkeit (»Paragraph eins: Jeder macht seins«). Handelt es sich um einen neuen Sachverhalt, legt er anschließend einen Vorgang an.

7. Teil. Wissenswertes zu den Registerzeichen und dem Umgang mit einer Akte

A. Registerzeichen

Sie sollten zumindest die wichtigsten Registerzeichen kennen. Sonst könnte der Prüfer denken, Sie hätten noch nie eine Akte bearbeitet. Eine vollständige Liste aller Registerzeichen findet sich im Anhang des Schönfelders.

Amtsgericht:

B	Mahnverfahren
C	für Allgemeine Zivilsachen
Cs	für Strafbefehle
Ds	für Strafverfahren vor dem Strafrichter
Ls	für Strafverfahren vor dem Schöffengericht

Landgericht:

O	für Allgemeine Zivilsachen erster Instanz (gewöhnliche Prozesse, Arreste und einstweilige Verfügungen)
S	für Berufungen in Zivilsachen
KLs	für erstinstanzliche Strafsachen (große Strafkammer)
Ks	für erstinstanzliche Strafsachen vor der großen Strafkammer als Schwurgericht
Ns	Berufungen in Strafsachen (kleine Strafkammer)

Oberlandesgericht:

U	für Berufungen in Zivilsachen
Ss	für Revisionen in Strafsachen

Staatsanwaltschaft

JS	Ermittlungsverfahren
UJs	Ermittlungsverfahren gegen Unbekannt

Bundesgerichtshof

ZR	Revisionen in Zivilsachen
StR	Revisionen in Strafsachen

Es kann ab und an auch einmal vorkommen, dass Ihnen der Prüfer eine Akte zeigt und anhand der Farbe (rot = Strafrecht; braun bzw. grau = Zivilrecht) oder des Registerzeichens wissen möchte, um was für eine Sache es sich bei welchem Gericht handelt.

B. Umgang mit einer Akte

Manche Prüfer händigen den Prüflingen auch kurze Akten aus, die diese überfliegen sollen und anschließend beantworten müssen, was als nächstes zu tun sei! Dann sind folgende Dinge wichtig:

1. Öffnen Sie die Akte hinten beim »Schnippel« (ein Lesezeichen aus Pappe) und zeigen Sie dem Prüfer, dass Sie wissen, wie man eine Akte liest. Fatal wäre es, wenn Sie die Akte von vorne öffnen würden. Denn Akten werden immer von hinten nach vorne gelesen!
2. Lesen Sie in Ruhe die letzten Vermerke, Verfügungen und evtl. auch Schriftsätze und machen Sie einen vertretbaren Vorschlag.

Häufig ist die Antwort einfach: Beispielsweise »Es kann jetzt terminiert werden«, »Es kann die Abschlussverfügung und die Anklage gefertigt werden« oder »Das Verfahren ist abgeschlossen, also verfügen: 1. Zählkarte, 2. Kosten, 3. Weglegen!«.

8. Teil. Juristische Methodik

Die mündliche Prüfung ist eine Verständnisprüfung. Stellen Sie sich daher schon einmal gedanklich darauf ein, dass sie im mündlichen Prüfungsgespräch zumindest in einem Rechtsgebiet (sehr häufig im öffentlichen Recht) ein unbekanntes Gesetz oder eine unbekannte Norm präsentiert bekommen und damit einen Fall lösen sollen. In der Vergangenheit waren etwa schon das Schornsteinfegergesetz, das Gesetz zur Förderung der Kreislaufwirtschaft und Sicherung der umweltverträglichen Bewirtschaftung von Abfällen oder das Hochschulgesetz Prüfungsthema. In solchen Fällen müssen Sie drei Dinge beherzigen:

1. Bewahren Sie Ruhe, lehnen Sie sich zurück und atmen erst einmal tief durch!
2. Gehen Sie nun strukturiert an die unbekannte Norm heran und arbeiten Sie sauber mit dem Gesetz. Viele Kandidaten scheinen während der Prüfung zu vergessen, dass Sie einen Gesetzestext vor sich liegen haben. Und wenn der Prüfer nicht ausnahmsweise sagt, dass Sie das Gesetz jetzt bitte einmal beiseitelassen, sollten Sie das Gesetz auch benutzen und darin lesen. Denn dadurch geben Sie zu erkennen, dass Sie auch dann mitarbeiten, wenn Sie nicht das Wort haben. Niemand erwartet von Ihnen, dass Sie die Probleme oder gar die Lösung dieses Falles »aus der Pistole geschossen« wissen. Machen Sie dem Prüfer aber deutlich, dass Sie juristisch denken und arbeiten können.
3. Öffnen Sie Ihren juristischen »Werkzeugkasten«, besinnen Sie sich auf das, was Sie als Handwerkszeug im Studium vermittelt bekommen haben und packen Sie die Auslegungsgrundsätze aus!

Man kann es nicht oft genug betonen, aber das Ergebnis Ihrer Fallprüfung ist an dieser Stelle eher zweitrangig. Gefragt sind Kenntnisse der juristischen Methodenlehre (siehe dazu das nächste Kapitel), die Fähigkeit zu einer sauberen juristischen Subsumtion und (eigener!) Argumentation sowie Improvisationstalent. Denken Sie daran: Es wird überall nur mit Wasser gekocht!

In den Seminaren und Prüfungen fällt uns auf, dass die juristischen Argumentationstopoi und die Auslegungsgrundsätze häufig nur unvollständig beherrscht werden. Aus diesem Grund soll Ihnen dieses Kapitel die Grundzüge der juristischen Methodik noch einmal vor Augen führen.

A. Analogie

Von einer Analogie spricht man, wenn die für einen Tatbestand vorgesehene Rechtsfolge auf einen anderen vergleichbaren Tatbestand übertragen wird.

Die Analogie hat drei Voraussetzungen:

1. Eine Regelungslücke,
2. die Planwidrigkeit dieser Regelungslücke,
3. eine vergleichbare Interessenlage bzw. eine Vergleichbarkeit der beiden Sachverhalte.

Eine Regelungslücke liegt vor, wenn der Sachverhalt nicht unter das Gesetz zu subsumieren ist.

Die Lücke ist planwidrig, wenn der Gesetzgeber bei der Regelung eines Komplexes schlicht übersehen hat, eine Regelung zu treffen.

Die Interessenlage ist vergleichbar, wenn beispielsweise aus Sicht des Betroffenen vom Zufall abhängt, ob eine einschlägige Norm vorhanden ist oder nicht (zB der Zeitpunkt der Erledigung eines Verwaltungsaktes bei der Fortsetzungsfeststellungsklage).

Im Strafrecht folgt aus § 1 StGB bzw. Art. 103 II GG das Verbot einer strafbegründenden bzw. strafschärfenden Analogie.

B. Teleologische Reduktion

Bei der teleologischen Reduktion wird der Tatbestand einer Norm entgegen dem möglichen Wortsinn eingeschränkt, weil der Anwendungsbereich der Norm sonst über den Zweck der gesetzlichen Bestimmung hinausgehen würde (Beispiel: Keine Anwendung des Verbots des Selbstkontrahierens [§ 181 BGB] auf solche Geschäfte des Vertreters, die dem Vertretenen lediglich einen rechtlichen Vorteil bringen).

Hier müssen Sie zwei Voraussetzungen prüfen:

1. Wird der konkrete Sachverhalt vom Wortlaut der Norm erfasst?
2. Würde es dem Sinn und Zweck der Norm widersprechen, wenn man den Fall ebenfalls unter diese Norm subsumiert, liegt also eine wesentlich andere Interessenlage vor?

C. Die juristischen Auslegungsgrundsätze

Die folgenden Auslegungsmethoden (sog. »Canones«) gehen zurück auf *Friedrich Carl v. Savigny*, den wohl berühmtesten deutschen Juristen und Begründer der Historischen Rechtsschule.

Bevor Sie mit der Auslegung beginnen, sollten Sie zunächst zum Anfang des Gesetzes blättern und nachschauen, ob man nicht dort eine Definition der Norm oder des Tatbestandsmerkmals findet – etwa bei § 3 BImSchG: »Begriffsbestimmungen«. In solchen Fällen kann man sich den savigny'schen Auslegungskanon auch sparen.

I. Grammatische Auslegung/Auslegung nach dem Wortlaut

Beginnen Sie bei der Auslegung immer mit dem Wortlaut. Er ist die Grundlage und der Ausgangspunkt jeder Auslegung. Lesen Sie die Vorschrift und machen Sie sich klar, was das Merkmal in der Umgangssprache bedeutet. Beachten Sie aber, dass viele Begriffe aber eben Teil einer Fachsprache sind und der Alltagsgebrauch wirklich nur ein erster Einstieg sein kann. Ebenso sollten Sie sich Gedanken darüber machen, ob Ihnen das Merkmal nicht aus anderen Gesetzen bekannt vorkommt. Die Definition aus einem anderen Gesetz kann allerdings nicht immer übernommen werden. Sie sollten das Argument der »Einheit der Rechtsordnung« daher nicht überstrapazieren.

II. Systematische Auslegung/Auslegung aus dem Zusammenhang

Schließen Sie dann die systematische Auslegung an. Bei diesem Auslegungsgrundsatz legen Sie die jeweilige Norm im gesetzlichen Zusammenhang aus: In welchem Abschnitt steht die Norm? Welche Überschrift trägt sie? Wo stehen inhaltlich vergleichbare Normen? Welcher Regelungstechnik bedient sich das Gesetz? Wird der Begriff oder ein ähnlicher Begriff an einer anderen Stelle noch aufgegriffen und kann man hieraus Schlüsse ziehen?

Innerhalb der systematischen Auslegung werden folgende Argumentationsformen herangezogen:

1. Erst-Recht-Schluss: *Argumentum a fortiori*
   1. Variante: Der Schluss vom Größeren auf das Kleinere: *a maiore ad minus*
   2. Variante: Der Schluss vom Kleineren auf das Größere: *a minore ad maius*
2. Umkehrschluss: *Argumentum e contrario*
3. Sog. »Schlussfolgerung ins Unsinnige«: *Argumentum ad absurdum*: Bei dieser Argumentation widerlegt man eine bestimmte Auslegung, indem man darauf hinweist, dass sie zu abwegigen bzw. unsinnigen Ergebnissen führen würde.

III. Historische Auslegung/Auslegung aus der Entstehungsgeschichte

Bei der historischen Auslegung wird die Norm mit früheren Normtexten verglichen.

Ein Sonderfall der historischen Auslegung ist die genetische Auslegung. Hierbei wird an die Entstehungsgeschichte der Norm, also an Dokumente wie Entwurfsbegründungen zu Gesetzen und Parlamentsreden, angeknüpft.

Die historische Auslegung wird in der mündlichen Prüfung nur dann relevant werden, wenn auch die Vorgängervorschrift ausgeteilt wird. Das kommt allerdings so gut wie nie vor.

Die genetische Auslegung ist in der mündlichen Prüfung meist wenig ergiebig, da Sie in der Regel keinerlei Informationen über die Entstehungsgeschichte der Norm vorliegen haben werden. Gleichwohl sollten Sie zumindest die historische Auslegung ansprechen (Problem gesehen!) und argumentieren, dass Sie diese mangels entsprechender Kenntnisse der Historie der Norm nicht anwenden können.

IV. Teleologische Auslegung/Auslegung nach dem Sinn und Zweck einer Gesetzesbestimmung

Die teleologische Auslegung richtet sich nach dem Telos, also dem Sinn und Zweck der jeweiligen Norm. Entscheidend ist nur der durch die Norm selbst zum Ausdruck kommende Sinn der Regelung. Berücksichtigt werden muss zum einen, ob das Gesetz selbst eine gewisse Zielvorgabe macht, zB in § 1 BauGB: Aufgaben, Begriffe und Grundsätze der Bauleitplanung. Beachtet werden sollte auch der Sinn und Zweck eines ganzen Gesetzes oder bestimmter Regelungen. Die teleologische Auslegung ist aber nicht ganz unumstritten. Sie birgt die Gefahr, dem Gesetz den willkürlichen Willen des Interpreten unterzuschieben und sich ein Ergebnis »zurechtzubiegen«, ist aber in der Praxis die am häufigsten verwendete Auslegungsmethode.

V. Sonstige Auslegungsmethoden

Neben diesen klassischen Auslegungsmethoden sind noch die verfassungskonforme und – falls Europarecht entgegen der Wahrscheinlichkeit doch geprüft wird – auch die richtlinienkonforme Auslegung prüfungsrelevant. Genau genommen handelt es sich bei beiden aber nicht um Auslegungsmethoden sondern um bestimmte Lesarten. Bei der verfassungskonformen Auslegung soll die Lesart gewählt werden, die mit der Verfassung in Einklang steht. Bei der richtlinienkonformen Auslegung wird die Norm im Lichte des Gemeinschaftsrechts ausgelegt, insbesondere nach der Richtlinie, die der Norm zugrunde liegt.

9. Teil. Wichtige Daten und Ereignisse

Zum »Aufwärmen« fragen manche Prüfer, welches wichtige Ereignis sich denn heute an Ihrem Prüfungstag jährt oder welches Gesetz in diesem Jahr denn seinen runden Geburtstag feiert. Um auf solche existenziellen Fragen antworten zu können, googeln sie bitte den Tag Ihrer mündlichen Prüfung (vielleicht auch ein bis zwei Tage davor und danach) und schauen bei Wikipedia nach, was an diesem Tag passiert ist und einen rechtlichen Bezug hatte. Besonders beliebt ist diese Frage bei Prüfungen Ende Mai, da das Grundgesetz am 24.5.1949 in Kraft getreten ist.

Sie sollten sich darüber hinaus die Daten der folgenden Gesetze einprägen, da diese erfahrungsgemäß am häufigsten abgefragt werden.

- BGB: Inkrafttreten am 1.1.1900
- StGB: Das StGB geht auf das 1871 beschlossene und am 1.1.1872 in Kraft getretene Reichsstrafgesetzbuch für das Deutsche Reich zurück. Dieses stimmt zum großen Teil mit dem Strafgesetzbuch für den Norddeutschen Bund vom 31.5.1870 überein.
- Paulskirchenverfassung: Verkündet am 28.3.1849 (Sie ist aber nie in Kraft getreten. Allerdings prägte sie die weitere konstitutionelle Entwicklung in Deutschland vor allem dadurch, dass sie erstmalig in Deutschland die »Grundrechte des deutschen Volkes« konstituierte. Sie umfasste auch Freiheitsrechte wie die Meinungs-, Presse- und Versammlungsfreiheit).
- Weimarer Reichsverfassung: Inkrafttreten am 14.8.1919
- Grundgesetz: Inkrafttreten am 24.5.1949
- VwGO: Inkrafttreten am 1.4.1960
- VwVfG: Inkrafttreten am 1.1.1977
- GVG, GKG, StPO, ZPO: Inkrafttreten am 1.10.1879 als Teil der Reichsjustizgesetze. Das sind jene Gesetze, die im Jahr 1877 im Deutschen Reich verabschiedet wurden und am 1.10.1879 in Kraft traten.

10. Teil. Rechtsgeschichte und Europarecht

A. Allgemeines

Rechtsgeschichte und Europarecht. »Angstthemen« für viele Kandidaten in den juristischen Staatsprüfungen. Diese Themen gehören zwar offiziell zur Prüfungsordnung, werden allerdings in der ersten juristischen Staatsprüfung wesentlich häufiger abgefragt als in der zweiten juristischen Staatsprüfung. Wer aber jetzt kurz nach seinen Klausuren sämtliche Skripte durcharbeitet, die sich mit Rechtsgeschichte und Europarecht beschäftigen, hat etwas falsch verstanden: Rechtsgeschichte und Europarecht *dürfen* zwar nach der Prüfungsordnung Prüfungsgegenstand sein, tauchen aber in den ausgewerteten Prüfungsprotokollen der letzten zehn Jahre in den mündlichen Prüfungen nur in homöopathischen Dosen auf. Wir raten Ihnen daher Folgendes:

Lesen und lernen Sie zum Europarecht die unten dargestellten absoluten Grundlagen und zur Rechtsgeschichte den Aufsatz von *Ennuschat/Kresse/Prange* in der JA 1995, 47 ff. Wenn Sie dann trotzdem nachts nicht schlafen können oder nach Ihren Klausuren zu viel Zeit haben, nehmen Sie sich ein (kurzes) Grundlagen-Skript zur Rechtsgeschichte[4] und zum Europarecht[5] und vertiefen Sie Ihr Wissen. Detaillierter sollten Sie diese Gebiete nur dann lernen, wenn Ihr Prüfer nach den Protokollen schon einmal eine rechtsgeschichtliche oder europarechtliche Frage gestellt hat, die über das hinausgeht, was wir Ihnen gleich präsentieren. Ansonsten sind Rechtsgeschichte und Europarecht zwei Gebiete, die Sie für die mündliche Prüfung eher etwas vernachlässigen können.

B. Europarecht

Trotz dieser Entwarnung in Bezug auf Europarecht sollten sie sich die nachfolgenden Basics Europarecht (insbesondere auch die zitierten Normen!) einmal durchlesen:

Wo sitzt der Gerichtshof der Europäischen Union (EuGH)?

- In Luxemburg.

Welche Aufgabe hat er?

- Art. 19 I 2 EUV: »Er sichert die Wahrung des Rechts bei der Auslegung und Anwendung der Verträge«.

Wer ist Mitglied des Gerichtshofs der Europäischen Union (EuGH)?

- Ende 2015 wurde beschlossen, die Zahl der Richter des EuGH in einem dreistufigen Prozess von 28 auf 56 zu erhöhen. Die Verordnung zur Reform des Gerichtssystems des Gerichtshofs der Europäischen Union in drei Stufen sieht vor, dass in einem ersten Schritt zwölf neue Richter des Gerichts der Europäischen Union ernannt werden und das Gericht in einem zweiten Schritt sieben weitere

---

4 Etwa *Schröder*, Rechtsgeschichte, 10. Aufl. 2015; *Gmür/Roth*, Grundriss der deutschen Rechtsgeschichte, 14. Aufl. 2014.

5 Etwa *Holtmann/Sommer*, Europarecht, 11. Aufl. 2016; *Purnhagen*, Europarecht, 2. Aufl. 2014.

Richter erhält, indem ihm die Stellen des Gerichts für den öffentlichen Dienst übertragen werden. Die Zahl der Mitglieder des Gerichts der Europäischen Union erhöht sich zum 1.9.2016 von 28 auf 47. Im Rahmen der dritten Stufe werden 2019 weitere neun Richter ernannt. Ab dem 1.9.2019 besteht der EuGH demnach aus zwei Mitgliedern je Mitgliedstaat. Unterstützt werden die Richter von elf Generalanwälten. Sie haben die Aufgabe, nach der mündlichen Verhandlung öffentlich und in völliger Unparteilichkeit einen Vorschlag für ein Urteil in Form von begründeten Schlussanträgen zu stellen. Dabei fasst der Generalanwalt die bisherige Rechtsprechung des EuGH in ähnlichen Fällen zusammen und nutzt diese, um seine Vorstellungen hinsichtlich der Beurteilung des vorliegenden Falls zu begründen. In der Praxis folgt der EuGH in 75% der Fälle der Meinung des Generalanwalts (jüngste Ausnahme: Das »Google-Urteil« des EuGH. Dort hatte der Generalanwalt plädiert, dass Google für einen Löschungsanspruch nicht der richtige Adressat sei. Dies hat der EuGH bekanntlich anders gesehen).

Welche Organe hat die Europäische Union?

▶ Die Europäische Union hat insgesamt sieben Organe. Diese stehen in Art. 13 EUV (lesen!).

Merke: Die Europäische Kommission hat als einziges Organ der Europäischen Union das Recht, Gesetzentwürfe vorzulegen. Außerdem hat sie darüber zu wachen, dass die Mitgliedstaaten die Unionsverträge und das durch Gesetzgebung entstandene EU-Recht einhalten. Vermutet die Kommission, dass ein Mitgliedstaat gegen EU-Recht verstößt, muss sie nach Art. 258 AEUV dagegen einschreiten.

Das Europäische Recht lässt sich grob in zwei Gruppen aufteilen: Das primäre Gemeinschaftsrecht und das sekundäre Gemeinschaftsrecht.

I. Primäres Gemeinschaftsrecht

Das primäre Gemeinschaftsrecht bildet die zentrale Rechtsquelle des Europarechts im engeren Sinne. Es setzt sich zusammen aus den zwischen den Mitgliedstaaten geschlossenen Gründungsverträgen, also dem EUV, dem Vertrag über die Arbeitsweise der Europäischen Union »AEUV« (früher: EGV) und der EU-Grundrechtecharta einschließlich der dazugehörigen Anlagen, Protokolle und Änderungen. Zudem gehören auch die gewohnheitsrechtlichen Rechtssätze und ungeschriebenen Rechtsgrundsätze des EU-Rechts dazu. Sie werden aus einem Vergleich und einer Zusammenschau der einzelnen Rechtsordnungen der Mitgliedstaaten der EU entwickelt. Der EUV und der AEUV werden in Art. 1 II AEUV auch als »die Verträge« bezeichnet.

II. Sekundäres Gemeinschaftsrecht

Das sekundäre Gemeinschaftsrecht hat für die mündliche Prüfung eine größere Bedeutung. Es enthält die Rechtsvorschriften und Rechtsakte, die auf der Grundlage des Primärrechts von den Organen der Europäischen Union erlassen werden.

Die möglichen Rechtsakte sind in Art. 288 AEUV (lesen!) aufgelistet. In der mündlichen Prüfung wird mit großem Abstand am häufigsten nach den nachfolgenden Rechtsakten gefragt:

1. Richtlinien, Art. 288 III AEUV

Eine Richtlinie ist eine allgemeine Regelung, die von den Mitgliedstaaten in einer bestimmten Frist in staatliches Recht umzusetzen ist. Sie enthält eine Zielvorgabe, die von den Mitgliedstaaten vollständig, genau und innerhalb der angegebenen Frist erfüllt werden muss, Art. 288 III AEUV iVm Art. 4 II, 3 EUV. Richtlinien wenden sich grundsätzlich nur an die Mitgliedstaaten und nicht an deren Bürger. Diese werden grundsätzlich erst durch den jeweiligen Rechtsakt, der zur Umsetzung der Richtlinie in nationales Recht führt, berechtigt und verpflichtet. Das sind in Deutschland in der Regel formelle Gesetze. Unter folgenden Voraussetzungen kann sich ein Bürger doch auf eine Richtlinie berufen: Als erstes muss die Richtlinie trotz Ablauf der Umsetzungsfrist nicht oder nicht ordnungsgemäß in deutsches Recht umgesetzt worden sein. Daneben muss sie inhaltlich unbedingt und hinreichend bestimmt sein. Inhaltlich unbedingt ist sie, wenn den Mitgliedstaaten bei der Umsetzung kein Ermessen eingeräumt wurde. Hinreichend bestimmt ist sie, wenn ihr Regelungsgegenstand und der von ihr erfasste Personenkreis eindeutig sind.

2. Verordnungen, Art. 288 II AEUV

Verordnungen sind abstrakt-generelle Regelungen mit unmittelbarer innerstaatlicher Geltung. Sind stellen das eigentliche »Gesetz der Europäischen Gemeinschaft« dar. Sie erfordern keine Umsetzungsakte, sondern entfalten unmittelbare Wirkung gegenüber allen Adressaten, sobald sie im Amtsblatt der EG veröffentlicht wurden. Sie sind von allen nationalstaatlichen Gerichten, Behörden, Parlamenten und Bürgern zu beachten. Steht eine Verordnung in Konflikt mit einem nationalen Gesetz, hat die Verordnung Vorrang.

3. Beschlüsse, Art. 288 IV AEUV

Beschlüsse sind verbindliche Einzelfallregelungen des Rates oder der Kommission, sozusagen die »Verwaltungsakte der Europäischen Gemeinschaft«.

4. Empfehlungen und Stellungnahmen, Art. 288 V AEUV

Empfehlungen und Stellungnahmen sind rechtlich nicht verbindlich und spielen daher in der Prüfungspraxis keine Rolle.

11. Teil. Wichtige Fakten zu den Gerichten

Häufiger als man denkt werden in der mündlichen Prüfung auch kurze Fragen zu den Bundesgerichten gestellt.

Vor die Klammer gezogen sollten Sie sich merken, dass es bei allen obersten Gerichtshöfen des Bundes (Art. 95 GG: Beim Bundesverwaltungsgericht, beim Bundesgerichtshof, beim Bundesfinanzhof, beim Bundesarbeitsgericht und beim Bundessozialgericht) einen Großen Senat gibt. Er entscheidet, wenn ein Senat in einer Rechtsfrage von einer Entscheidung eines anderen Senats abweichen will oder wenn ein Senat in einer Frage von grundsätzlicher Bedeutung den Großen Senat anruft, weil nach seiner Auffassung die Fortbildung des Rechts oder die Sicherung einer einheitlichen Rechtsprechung dies erfordert.[6]

Der große Senat sollte nicht mit dem Gemeinsamen Senat der obersten Gerichtshöfe des Bundes in Karlsruhe verwechselt werden.[7] Dieser entscheidet, wenn ein Senat eines obersten Gerichtshofes von der Rechtsauffassung eines Senats eines anderen obersten Gerichtshofs oder des Gemeinsamen Senats abweichen will. Er setzt sich zusammen aus den Präsidenten der fünf obersten Bundesgerichte. Ergänzt werden sie durch die Vorsitzenden und jeweils einen weiteren Richter der beteiligten Senate.

A. Der Bundesgerichtshof (BGH) (= oberstes Bundesgericht iSd Art. 95 I GG)

Präsidentin: Bettina Limperg[8]

Sitz: Karlsruhe und Leipzig. Denn der fünfte Strafsenat hat seinen Sitz in Leipzig!

Organisation: Der Bundesgerichtshof hat zwölf Zivilsenate (mit römischen Ziffern gekennzeichnet) und fünf Strafsenate (mit arabischen Ziffern gekennzeichnet). Hinzu kommen acht Spezialsenate, etwa für Anwalts- oder Kartellrecht. Den Zivil- und Strafsenaten sind außer dem Vorsitzenden überwiegend sechs oder sieben Mitglieder zugewiesen, wobei an den einzelnen Entscheidungen grundsätzlich nur fünf Senatsmitglieder mitwirken, darunter natürlich der Vorsitzende. Der Bundesgerichtshof hat aufgrund seiner Doppelzuständigkeit zwei Große Senate: einen für Zivilsachen und einen für Strafsachen.

---

6 Obwohl das BVerfG kein oberstes Bundesgericht ist, gibt es dort eine mit dem großen Senat vergleichbare Institution: Das Plenum nach § 16 BVerfGG. Es entscheidet, wenn ein Senat in einer Rechtsfrage von der in einer Entscheidung des anderen Senats vertretenen Rechtsauffassung abweichen will.

7 Seine rechtliche Grundlage hat der Gemeinsame Senat im Gesetz zur Wahrung der Einheitlichkeit der Rechtsprechung der obersten Gerichtshöfe des Bundes (RsprEinhG).

8 Im Amt zum Zeitpunkt der Drucklegung am 15.4.2016.

B. Das Bundesverwaltungsgericht (BVerwG) (= oberstes Bundesgericht iSd Art. 95 I GG)

Präsident: Klaus Rennert[9]

Sitz: Leipzig

Organisation: Beim Bundesverwaltungsgericht gibt es zehn Revisionssenate, einen Disziplinarsenat und zwei Wehrdienstsenate (und den Großen Senat als besonderen Spruchkörper). Den Revisionssenaten gehören jeweils fünf bis sieben Berufsrichter, dem Disziplinarsenat vier und dem Wehrdienstsenat drei Richter an.

C. Der Bundesfinanzhof (BFH) (= oberstes Bundesgericht iSd Art. 95 I GG)

Präsident: Rudolf Mellinghoff[10]

Sitz: München

Organisation: Der Bundesfinanzhof besteht aus elf Senaten (und dem Großen Senat als besonderen Spruchkörper). Er entscheidet in erster Linie über die Rechtmäßigkeit der Festsetzung von Steuern und Zöllen, außerdem unter anderem über Kindergeld, Investitionszulage und bestimmte berufsrechtliche Angelegenheiten der Steuerberater.

D. Das Bundesarbeitsgericht (BAG) (= oberstes Bundesgericht iSd Art. 95 I GG)

Präsidentin: Ingrid Schmidt[11]

Sitz: Erfurt

Organisation: Das Bundesarbeitsgericht besteht aus zehn Senaten (und dem Großen Senat als besonderen Spruchkörper). Es entscheidet über Revisionen und Rechtsbeschwerden in der Besetzung mit dem Vorsitzenden Richter des Senats, zwei weiteren Berufsrichtern und je einem ehrenamtlichen Richter aus dem Kreis der Arbeitnehmer und Arbeitgeber.

9 Im Amt zum Zeitpunkt der Drucklegung am 15.4.2016.
10 Im Amt zum Zeitpunkt der Drucklegung am 15.4.2016.
11 Im Amt zum Zeitpunkt der Drucklegung am 15.4.2016.

E. Das Bundessozialgericht (BSG) (= oberstes Bundesgericht iSd Art. 95 I GG)

Präsident: Peter Masuch[12]

Sitz: Kassel

Organisation: Das Bundessozialgericht besteht aus 14 Senaten (und dem Großen Senat als besonderen Spruchkörper). Die Senate sind jeweils mit drei Berufsrichtern und zwei ehrenamtlichen Richtern besetzt. Es entscheidet als Revisionsgericht über Revisionen gegen Urteile der Landessozialgerichte bzw. – wenn die Revision nicht zugelassen wurde – über die Nichtzulassungsbeschwerden. Hat das erstinstanzlich zuständige Sozialgericht die Sprungrevision zugelassen und sind die Beteiligten einverstanden, überprüft das Gericht in selteneren Fällen auch Urteile der Sozialgerichte. Daneben ist es erst- und letztinstanzlich zuständig für Streitigkeiten nichtverfassungsrechtlicher Art zwischen dem Bund und den Ländern oder zwischen verschiedenen Ländern in Angelegenheiten der Sozialversicherung und den anderen der Sozialgerichtsbarkeit zugewiesenen Rechtsstreitigkeiten.

F. Das Bundesverfassungsgericht (BVerfG)

Präsident: Andreas Voßkuhle (Vorsitzender des zweiten Senats)[13]

Sitz: Karlsruhe

Organisation: Das BVerfG besteht aus zwei Senaten mit jeweils acht Mitgliedern. Die eine Hälfte der Mitglieder wählt der Bundestag, die andere der Bundesrat, jeweils mit Zweidrittelmehrheit, §§ 5, 6 BVerfGG. Die Amtszeit der Mitglieder beträgt zwölf Jahre, eine Wiederwahl ist ausgeschlossen. In beiden Senaten gibt es mehrere Kammern mit jeweils drei Mitgliedern. Die Kammern entscheiden vor allem darüber, ob eine Verfassungsbeschwerde zur Entscheidung angenommen wird. Mündliche Verhandlungen finden nur in den beiden Senaten statt.

G. Der Europäische Gerichtshof (EuGH)

Präsident: Koen Lenaerts[14]

Sitz: Luxemburg

Organisation: Der EuGH besteht aus je einem Richter je Mitgliedstaat, also aus 28 Richtern. Diese müssen die in ihrem Land für eine Tätigkeit am höchsten Gericht erforderliche Qualifikation aufweisen oder von »anerkannt hervorragender Befähigung« sein, Art. 253 AEUV. Sie werden durch einen einstimmigen Beschluss der Regierungen der Mitgliedstaaten nach Anhörung eines nach Art. 255 AEUV gebildeten

12 Im Amt zum Zeitpunkt der Drucklegung am 15.4.2016.
13 Im Amt zum Zeitpunkt der Drucklegung am 15.4.2016.
14 Im Amt zum Zeitpunkt der Drucklegung am 15.4.2016.

Expertenausschusses für eine sechsjährige Amtszeit ernannt. Alle drei Jahre wird die Hälfte der Richter neu ernannt.

H. Der Europäische Gerichtshof für Menschenrechte (EGMR)

Präsident: Guido Raimondi[15]

Sitz: Strasbourg

Aufgaben: Der EGMR überprüft Akte der Gesetzgebung, der Rechtsprechung und der Verwaltung auf eine Verletzung der Europäischen Konvention für Menschenrechte in allen Unterzeichnerstaaten. Die EMRK sieht drei Verfahrensarten vor, in denen der EGMR mit einem Sachverhalt befasst werden kann. Das Individualbeschwerdeverfahren, das Staatenbeschwerdeverfahren und das Gutachtenbeschwerdeverfahren. Die letzten beiden können sie getrost vergessen, da in der Praxis (und der mündlichen Prüfung) nur die Individualbeschwerde abgefragt wird. Mit dieser können alle natürlichen Personen und nichtstaatlichen Organisationen sowie Personengruppen den EGMR mit der Behauptung anrufen, in einem Recht aus der Konvention verletzt worden zu sein.

Ab und an wird gefragt, auf welcher Ebene die EMRK in der Normenhierarchie steht. Antwort: auf der Ebene eines einfachen Gesetzes. Die EMRK ist nur ein völkerrechtlicher Vertrag, der grundsätzlich Staaten untereinander verpflichtet, nicht aber den Staat oder seine Organe im Verhältnis zu seinen Staatsbürgern bindet. Ein Urteil des EGMR würde damit etwa nicht zu einer Unwirksamkeit oder Unanwendbarkeit einer gesetzlichen Regelung führen. Gleichwohl ist der Gewährleistungsrahmen der EMRK weitgehend dem des Grundgesetzes angeglichen: Das Bundesverfassungsgericht hat im Fall »Görgülü« entschieden, dass zur Bindung der Gerichte an Recht und Gesetz nach Art. 20 III GG auch die Berücksichtigung der EMRK gehört. Schließlich sei diese durch Zustimmungsgesetz Teil der deutschen Rechtsordnung geworden. So sei das deutsche Recht nach Möglichkeit in Einklang mit dem Völkerrecht auszulegen. Obwohl Entscheidungen des Europäischen Gerichtshofs für Menschenrechte nicht die Rechtskraft von Urteilen deutscher Gerichte aufheben können, müssen deutsche Gerichte die Entscheidung des Europäischen Gerichtshofs für Menschenrechte berücksichtigen, wenn sie erneut über den Verfahrensgegenstand zu entscheiden haben.

15 Im Amt zum Zeitpunkt der Drucklegung am 15.4.2016.

12. Teil. Beliebte Fragen aus dem Zivilrecht

Eine der beliebtesten Fragen in allen Rechtsgebieten ist die Frage nach dem Instanzenzug. Diesen müssen Sie in allen drei Rechtsgebieten **unbedingt** sicher beherrschen!

Instanzenzug und Zuständigkeit der Gerichte im Zivilprozess:

1. Instanz (»Eingangsgericht«)
Amtsgericht, §§ 23 ff. GVG:

→ Besetzung: ein Berufsrichter als Einzelrichter, § 22 I GVG.

Grds. ist das Landgericht zuständig, § 71 I GVG. Das Amtsgericht ist nach § 23 GVG nur zuständig,

a) bei Streitigkeiten mit einem Streitwert bis (einschließlich) 5.000 EUR, § 23 Nr. 1 GVG
b) insbesondere bei Streitigkeiten über Wohnraum-Mietsachen nach § 23 Nr. 2a GVG sowie in den Fällen des § 23a GVG. Der Wert des Streitgegenstandes spielt in diesen Fällen keine Rolle.

Landgericht, § 71 GVG

→ Besetzung: Grds. drei Berufsrichter, es sei denn Entscheidung durch den Einzelrichter, § 75 GVG, § 348 ZPO.

Das Landgericht ist für alle bürgerlichrechtlichen Streitigkeiten zuständig, die nicht den Amtsgerichten zugewiesen sind, §§ 71, 23 GVG.

Nach § 71 II GVG insbesondere auch für Amtshaftungsansprüche.

Berufung

Sprungrevision unter den Voraussetzungen des § 566 ZPO

Berufung

Landgericht, § 72 GVG:

→ Besetzung: Grds. drei Berufsrichter, es sei denn Entscheidung durch den Einzelrichter, § 75 GVG, § 348 ZPO.

Zuständig für Berufungen (§ 511 ff. ZPO) und Beschwerden gegen Entscheidungen des AG, wenn nicht das OLG zuständig ist, § 72 I GVG.

Achtung: In familienrechtlichen Streitigkeiten ist das OLG für Beschwerden gegen Entscheidungen des AG zuständig, § 119 I Nr. 1a) GVG.

Oberlandesgericht, § 119 GVG:

→ Besetzung: Grds. drei Berufsrichter, § 122 I GVG.

Zuständig für Entscheidungen über die Beschwerde gegen Entscheidungen der Amtsgerichte, § 119 I Nr. 1 GVG.

Zuständig für Berufungen und Beschwerden gegen Entscheidungen des LG, § 119 I Nr. 2 GVG.

Revision

Revision

Bundesgerichtshof, § 133 GVG:

→ Besetzung: fünf Berufsrichter, § 139 I GVG.

Zuständig für das Rechtsmittel der Revision nach §§ 542 ff. ZPO, der Sprungrevision nach § 566 ZPO, der Rechtsbeschwerde und der Sprungrechtsbeschwerde, vgl. § 133 GVG.

Wegen der Vielfalt der möglichen Rechtsgebiete haben sich im Zivilrecht in den Protokollen nur wenige Fragen aus dem materiellen Recht herauskristallisiert, die sich immer wiederholen. Auffällig ist aber, dass sich die Fragen und Fälle häufig um bestimmte Problemkreise und Normen drehen.

Es handelt sich um die »Klassiker« §§ 985 ff. (EBV), 1004 und § 906 BGB (Nachbarfälle!), §§ 823, 812 BGB (vgl. dazu[16] *Kaiser/Kaiser/Kaiser*, Materielles Zivilrecht im Assessorexamen, 8. Aufl. 2016, Rn. 46 ff., 56 ff., 61, 64, 85 ff.). Wegen der Praxisrelevanz besteht bei den Zivilrechtlern zudem eine gewisse Tendenz, Fälle aus dem Mietrecht, die zivilrechtlichen Abschleppfälle oder Fälle aus dem Kaufrecht abzufragen, in der Regel verbunden mit prozessualen »Schlenkern«. Sicher beherrschen sollten Sie neben dem Allgemeinen Teil des BGB, der sich in nahezu jeden Prüfungsfall einbauen lässt, auch den Umfang der Haftung nach § 249 ff. BGB (Vorteilsanrechnung, Schadensposten: Schmerzensgeld, Schockschäden, Mietwagenkosten etc., vgl. dazu *Kaiser/Kaiser/Kaiser*, Materielles Zivilrecht im Assessorexamen, 8. Aufl. 2016, Rn. 62 f.). Auch die den Teilnehmern der Crash-Kurse der Kaiserseminare zum Materiellen Zivilrecht bekannten Fälle mit Tieren kommen in der mündlichen Prüfung gerne vor. Dies liegt wohl daran, dass viele Prüfer einfach die Fälle aus den schriftlichen Klausuren der letzten Monate abprüfen.

Damit keine Missverständnisse auftauchen: Sicher beherrschen müssen Sie nur die absoluten Grundlagen! Sie müssen also nicht die dritte Ausnahme von der Ausnahme auswendig lernen und in der Prüfung auf Knopfdruck wiedergeben können. Allerdings sollten Sie etwa auf die Frage, ob eine Vindikationslage besteht, keine Löcher in die Luft starren, sondern dem Prüfer souverän und präzise deren Voraussetzungen nennen können.

Was ist ein Geschäftsverteilungsplan? Wer stellt ihn auf?

▶ Ein Geschäftsverteilungsplan (GVP) ist ein Regelwerk, das bei Organen, die aus mehreren Personen bestehen, bestimmt, welcher Teil des Organs für die Bearbeitung eines konkreten Sachverhalts zuständig ist.
Der Geschäftsverteilungsplan wird jedes Jahr bei allen Gerichten vom Präsidium für die Dauer des Geschäftsjahres beschlossen, § 21e GVG. Der Geschäftsverteilungsplan regelt dabei die Besetzung der einzelnen Spruchkörper und deren Vertretung. Zudem werden die einzelnen Geschäfte nach allgemeinen Merkmalen auf die einzelnen Richter oder Spruchkörper verteilt. Dadurch steht also schon bei Eingang einer Sache bei Gericht fest, welcher Richter oder Spruchkörper dafür zuständig ist. Der Geschäftsverteilungsplan hängt im Gericht aus. Meist ist er auch im Internet veröffentlicht.

! **Tipp**: Vor der mündlichen Prüfung sollte § 21e GVG unbedingt einmal gelesen werden!

Ist der Geschäftsverteilungsplan verfassungsrechtlich abgesichert?

▶ Ja, denn der Geschäftsverteilungsplan sichert das Recht auf den gesetzlichen Richter aus Art. 101 I GG ab, indem er festlegt, welcher Richter einen Fall zu übernehmen hat. Es wäre also unzulässig, einem Richter, der nach dem Geschäftsverteilungsplan für einen Fall zuständig ist, diesen zu entziehen und einem anderen Richter zu übertragen.

16 Der Einfachheit halber wird im Folgenden auf die entsprechenden Fundstellen in den Kaiser-Skripten verwiesen. Selbstverständlich können Sie zu den empfohlenen Problemkreisen auch jedes andere Lehrbuch oder Skript heranziehen.

Wer gehört denn zum Präsidium?

- Das Präsidium besteht aus dem Präsidenten oder aufsichtsführenden Richter als Vorsitzenden und den gewählten Richtern, deren Anzahl sich nach der Größe des Gerichts bzw. den dort bestehenden Richterplanstellen bestimmt, § 21a GVG.

Tipp: Kleine Amtsgerichte haben meist keinen Präsidenten. Wenn also weder ein Amtsgerichtspräsident ernannt, noch die Dienstaufsicht dem Landgerichts- oder dem Präsidenten eines anderen Amtsgerichts übertragen ist, so bekommt nach § 22 III 2 GVG ein Richter des Amtsgerichts die allgemeine Dienstaufsicht übertragen. Dieser führt dann im Präsidium den Vorsitz und trägt den Titel »Direktor des Amtsgerichts«.

Was macht denn ein Gerichtspräsident eigentlich?

- Der Präsident eines Gerichts hat eine Doppelaufgabe: Er ist zugleich Richter und Behörde (bzw. Behördenchef). In seiner Funktion als Behörde ist er auf der einen Seite weisungsgebunden und unterliegt einer Dienstaufsicht. Auf der anderen Seite ist er auch weisungsbefugt. Seine Weisungsbefugnis erstreckt sich primär auf die Bediensteten seiner eigenen Gerichtsbehörde, zu denen auch die Richter gehören, die nach § 4 II Nr. 1 DRiG Aufgaben der Gerichtsverwaltung wahrnehmen. Seine Weisungsbefugnis in Gerichtsverwaltungssachen bezieht sich aber auf die Präsidenten nachgeordneter Gerichte, sodass es auch zwischen den Instanzen einer Gerichtsbarkeit ein hierarchisches Verhältnis geben kann (etwa vom Präsidenten des Oberlandesgerichts zum Präsidenten des Landgerichts zum Direktor eines Amtsgerichts).

Was ist ein Spruchkörper? Welche kennen Sie?

- Ein Spruchkörper ist ein rechtsprechendes Organ, das in Form eines Urteils oder eines Beschlusses entscheidet. Ein Spruchkörper des Amtsgerichts ist etwa der Einzelrichter. Spruchkörper des Landgerichts ist die Kammer und ein Spruchkörper des Oberlandesgerichts sowie des BGH ist der Senat.

Welche Aufgabe hat der Gemeinsame Senat der obersten Gerichtshöfe des Bundes? Wo sitzt er?

- Der Gemeinsame Senat soll die Einheitlichkeit der Rechtsprechung der obersten Gerichtshöfe des Bundes wahren, Art. 95 III GG. Er ist sozusagen ein Vermittlungsorgan zwischen den obersten Bundesgerichten. Er hat seinen Sitz in Karlsruhe.

Wann tritt der Gemeinsame Senat zusammen?

- Der Gemeinsame Senat tritt zusammen, wenn ein Senat eines obersten Gerichtshofes in einer Rechtsfrage von der Rechtsauffassung eines Senats eines anderen Gerichtshofs oder des Gemeinsamen Senats abweichen will. Das vorlegende Gericht ist an die Entscheidung der Rechtsfrage durch den Gemeinsamen Senat gebunden. Dadurch soll die Einheitlichkeit der Rechtsprechung der obersten Gerichtshöfe des Bundes gewährleistet werden (vgl. dazu Gesetz zur Wahrung der Einheitlichkeit der Rechtsprechung der obersten Gerichtshöfe des Bundes; Nr. 95b Schönfelder-Ergänzungsband).

Was gibt es für Streitwerte? Wofür braucht man diese?

- Man unterscheidet den Zuständigkeitsstreitwert, den Gebührenstreitwert und den Rechtsmittelstreitwert.

Vom Zuständigkeitsstreitwert hängt grundsätzlich die sachliche Zuständigkeit des erstinstanzlichen Gerichts ab (Amts- oder Landgericht), § 3 ff. ZPO. Ausnahmen dazu sind zB in §§ 23 Nr. 2, 71 II GVG normiert.
Der Gebührenstreitwert legt fest, welche Gebühren für das Gericht und die Rechtsanwälte anfallen. Er orientiert sich, vereinfacht gesagt, am in Geld ausgedrückten Wert des Streitgegenstandes. Er wird im Gerichtskostengesetz (GKG) und dem Rechtsanwaltsvergütungsgesetz (RVG) geregelt.
Der Rechtsmittelstreitwert bezeichnet den Wert, der mindestens erreicht sein muss, damit ein Rechtsmittel zulässig ist. Bei Berufungen beträgt der zu übersteigende Wert nach § 511 ZPO 600 EUR. Das Gericht des ersten Rechtszuges kann die Berufung aber auch nach § 511 II Nr. 2 ZPO unter diesem Wert im Urteil zulassen.

Bei welcher Klage entspricht der Gebührenstreitwert immer dem Zuständigkeitsstreitwert?

▶ Bei einer auf Geld gerichteten Zahlungsklage.

Stellen Sie sich vor, Sie sind Richter am Amtsgericht und bekommen eine Klage auf den Tisch. Welche Möglichkeiten haben Sie?

▶ Zur Vorbereitung des Haupttermins kann entweder ein schriftliches Vorverfahren nach § 276 ZPO angeordnet oder ein früher erster Termin nach § 275 ZPO bestimmt werden, § 272 II ZPO.

Was ist grundsätzlich vor einer streitigen mündlichen Verhandlung durchzuführen?

▶ Eine obligatorische Güteverhandlung nach § 278 II ZPO. Hiernach soll jeder Richter die gütliche Beilegung des Rechtsstreits oder einzelner Streitpunkte durch Abschluss eines Vergleichs unterstützen.

! **Tipp:** Seitdem das Gesetz zur Förderung der Mediation und anderer Verfahren der außergerichtlichen Konfliktbeilegung am 26.7.2012 in Kraft getreten ist, kann das erkennende Gericht die Parteien für die Güteverhandlung und für weitere Güteversuche auch an einen Güterichter verweisen, § 278 V ZPO. Dieser führt als hierfür bestimmter und nicht entscheidungsbefugter Richter das Verfahren fort, ohne dass ein Ruhen angeordnet wird. Er kann alle Methoden der Konfliktbeilegung einschließlich der Mediation anwenden.

Können Sie sich vorstellen, wann der Richter einen frühen ersten Termin und wann ein schriftliches Vorverfahren wählen wird?

▶ Ein früher erster Termin bietet sich in tatsächlich einfach gelagerten Fällen, in denen es nur um Rechtsfragen geht oder bei Fällen, bei denen eine Aussicht auf einen Vergleich, eine Klagerücknahme, eine Erledigungserklärung etc. besteht. Auch bei komplizierten und umfangreichen Fällen ist an einen frühen ersten Termin zu denken, um der Gefahr ausufernder Schriftsätze durch frühzeitige Aussonderung von nicht relevanten Umständen entgegenzuwirken.
Ein schriftliches Vorverfahren bietet sich an, wenn die Chance besteht, einfach gelagerte Fälle bereits durch Anerkenntnis- oder Versäumnisurteil nach den §§ 307 I, 331 III ZPO zu erledigen. In komplizierten Fällen ist es zweckmäßig, um den Parteien Gelegenheit zu geben, alle Streitpunkte »Punkt für Punkt« schriftlich darzulegen. Sie sehen: Es gibt immer ein Argument, jede der beiden Alternativen zu wählen. Letzten Endes ist es eine Geschmacksfrage des Richters.

Was versteht man unter einer Notfrist und was hat sie für Konsequenzen?

- Eine Notfrist ist eine Frist, die weder verlängert noch verkürzt werden kann, § 224 ZPO. Das Gesetz bestimmt selbst, wann eine Frist eine Notfrist ist (zB § 276 I 1 ZPO). Sie kann nur in denen durch das Gesetz vorgesehenen Fällen gesetzt werden, also nicht nach freiem Ermessen des Gerichts.

Was kann man machen, wenn sie abgelaufen ist?

- Es ist nur eine Wiedereinsetzung in den vorigen Stand nach § 233 ZPO möglich.

Was sind die Voraussetzungen jeder Zwangsvollstreckung?

- Titel, Klausel, Zustellung und Antrag des Vollstreckungsgläubigers.

Was muss zugestellt werden, der Titel oder die Klausel?

- Nur der Titel muss zugestellt werden, § 750 I 1 ZPO, Ausnahme: § 750 II ZPO.

Was ist eine Vollstreckungsklausel?

- Eine Vollstreckungsklausel ist die amtliche Beurkundung der Vollstreckbarkeit eines Vollstreckungstitels. Sie wird auf eine Ausfertigung des Vollstreckungstitels gesetzt und hat den Wortlaut des § 725 ZPO.

Welche Klauselarten gibt es?

- Einfache (§ 724 ZPO) und qualifizierte Klauseln (§§ 726–729 ZPO).

Wann wird eine einfache Klausel erteilt, wann eine qualifizierte?

- Eine einfache Klausel wird erteilt, wenn
  - ein Antrag des Vollstreckungsgläubigers vorliegt (Dispositionsmaxime!);
  - ein vollstreckungsfähiger Titel vorhanden ist;
  - die Parteien des Zwangsvollstreckungsverfahrens mit denen des Titels übereinstimmen.

  Eine qualifizierte Klausel ist dann erforderlich, wenn zusätzlich zu den Voraussetzungen der einfachen Klausel qualifizierte Erteilungsvoraussetzungen nach den §§ 726–729 ZPO vorliegen.

Wer erteilt die einfachen Klauseln? Wer erteilt die qualifizierten Klauseln?

- Die einfachen Klauseln werden vom Urkundsbeamten der Geschäftsstelle erteilt. Die qualifizierten Klauseln werden dagegen vom Rechtspfleger erteilt, § 20 Nr. 12 RPflG.

Wer ist in der Zwangsvollstreckung grundsätzlich das zuständige Organ?

- Grundsätzlich ist der Gerichtsvollzieher zuständig, § 753 ZPO, es sei denn, es ist ausdrücklich anders geregelt.

Welches Gericht ist das Vollstreckungsgericht?

- Das Amtsgericht in dem Bezirk, in dem die Vollstreckungshandlung stattfindet, § 764 ZPO.

> **Tipp:** Die im 8. Buch der ZPO (Zwangsvollstreckung) angeordneten Gerichte sind nach § 802 ZPO ausschließliche. Insoweit verdrängt die Norm Zuständigkeitsregeln, die nur Zuständigkeiten im allgemeinen Erkenntnisverfahren regeln und schließt Gerichtsstandsvereinbarungen aus.

Wer ist zuständig für die Forderungspfändung?

▶ Das Vollstreckungsgericht, § 828 iVm § 764 ZPO.

Was machen Sie, wenn sich der Urkundsbeamte der Geschäftsstelle weigert, eine Vollstreckungsklausel zu erteilen?

▶ Man sollte eine Erinnerung nach § 573 ZPO einlegen.

Was ist eine vollstreckbare Ausfertigung?

▶ Das ist eine Ausfertigung des Urteils oder auch eines anderen Vollstreckungstitels, auf dem sich eine Vollstreckungsklausel befindet, vgl. § 724 ZPO.

Warum soll es grundsätzlich nur eine vollstreckbare Ausfertigung geben?

▶ Weil der Schuldner vor einer mehrfachen Vollstreckung aus demselben Titel wegen desselben Anspruchs geschützt werden soll. Eine Ausnahme hiervon macht § 733 ZPO. Nach dieser Norm kann eine weitere vollstreckbare Ausfertigung erteilt werden, wenn der Gläubiger hierfür ein Rechtsschutzbedürfnis hat. Dies ist etwa dann der Fall, wenn der Gläubiger die schon erteilte Ausfertigung verloren hat, sich nicht klären lässt, ob er die Ausfertigung erhalten hat oder wenn die erste Ausfertigung dem Schuldner ausgehändigt worden ist, obwohl der Gläubiger noch nicht vollständig befriedigt ist.

Brauchen Sie bei

- **Vollstreckungsbescheiden**
- **Arrestbefehlen**
- **einstweiligen Verfügungen**

auch eine Vollstreckungsklausel?

▶ Nein, vgl. §§ 796 I, 929 I, 936 ZPO.

Wie viele Titel bekommt ein obsiegender Kläger?

▶ Zwei: Einen Hauptsachetitel und einen Kostenfestsetzungsbeschluss, §§ 103 ff. ZPO.

Was tituliert der Kostenfestsetzungsbeschluss?

▶ Die Entscheidung über die Höhe der Prozesskosten, § 103 I ZPO. Man spricht hier vom sog. prozessualen Kostenerstattungsanspruch.

Gehen Sie davon aus, dass die Klage des Klägers begründet ist. Welche Möglichkeiten haben Sie als Beklagter, um den Rechtsstreit möglichst kostengünstig zu beenden? Wie wirkt sich das kostenmäßig aus?

▶ Am günstigsten wäre ein sofortiges Anerkenntnis nach § 93 ZPO, da dann der Kläger die Kosten trägt. Sofort bedeutet, dass das Anerkenntnis bei der ersten Antragstellung erfolgen muss. Der Beklagte darf dabei keine Veranlassung zur Klageerhebung gegeben haben. Dies bedeutet, dass der Kläger keinen Grund zu der berechtigten Annahme haben durfte, er werde nur mit gerichtlicher Hilfe zu seinem Ziel kommen.
Wenn ein sofortiges Anerkenntnis nicht mehr möglich ist, kann der Beklagte gegen sich ein Versäumnisurteil nach § 330 ZPO ergehen lassen. Dies wirkt sich kostenmäßig wie folgt aus: Bei einem Versäumnisurteil ermäßigt sich die Gerichtsgebühr nicht, es bleibt also bei der 3-fachen Gebühr. Der Kläger-

anwalt erhält die normale Verfahrensgebühr in Höhe von 1,3 und eine Terminsgebühr in Höhe von 0,5. Der Beklagtenanwalt erhält eine Verfahrensgebühr in Höhe von 0,8 aber – sofern er an dem Termin nicht teilnimmt – keine Terminsgebühr.
Möglich ist auch ein Anerkenntnisurteil nach § 307 ZPO. In diesen Fällen entsteht nur eine Gerichtsgebühr in Höhe von 1,0. Allerdings bekommen beide Prozessvertreter je eine 1,3 Verfahrens- und eine 1,2 Terminsgebühr.
Sofern ein sofortiges Anerkenntnis nicht mehr möglich ist, ist in den meisten Fällen ein Versäumnisurteil am kostengünstigsten. Ein Anerkenntnisurteil hingegen hat dann Sinn, wenn sich die Aussichtslosigkeit der Verteidigung erst im Termin ergibt. Ein in der Praxis ebenfalls anzutreffender Weg wäre schließlich, den Kläger durch vollständige Befriedigung seiner eingeklagten Ansprüche (inklusive Zinsen und Kosten) klaglos zu stellen und ihn dann außergerichtlich zu bitten, die Klage zurückzunehmen.

Tipp: Wiederholen Sie dazu *Kaiser/Kaiser/Kaiser*, Die Anwaltsklausur Zivilrecht, 6. Aufl. 2015, Rn. 59.

Welche verschiedenen Arten von richterlichen Entscheidungen gibt es?

- Die Zivilprozessordnung kennt drei Arten gerichtlicher Entscheidungen: Urteile, Beschlüsse und Verfügungen des Gerichts, § 160 III Nr. 6 ZPO.

Worin unterscheiden sich diese drei Arten der richterlichen Entscheidungen?

- Urteile sind streng formbedürftige Entscheidungen des Gerichts (§§ 300–329 ZPO). Ihr Inhalt ist gesetzlich vorgeschrieben und ergibt sich aus § 313 ZPO. Sie binden das Gericht nach § 318 ZPO. Ihnen muss stets eine mündliche Verhandlung vorangehen, wenn nicht ausnahmsweise ein schriftliches Verfahren zulässig ist, § 128 II, III ZPO. Sie können grundsätzlich mit Berufung und Revision angefochten werden.
  Beschlüsse sind gerichtliche Entscheidungen, die durch den Richter, den Rechtspfleger oder den Urkundsbeamten der Geschäftsstelle gefällt werden können. Die Zivilprozessordnung entscheidet einzelfallbezogen, ob eine Entscheidung durch Urteil oder Beschluss zu fällen ist. Beschlüsse sind in der ZPO in § 329 nur fragmentarisch geregelt. Dort ist geregelt, wann ein Beschluss zuzustellen und wann nur formlos mitzuteilen ist. Über § 329 I 2 ZPO finden einzelne Vorschriften über das Urteil entsprechende Anwendung. Beschlüsse entscheiden häufig nur über einzelne Verfahrensfragen, wie etwa eine Verweisung (Verweisungsbeschluss nach § 281 ZPO), eine Beweiserhebung (Beweisbeschluss nach §§ 358, 358a ZPO) oder eine Entscheidung über Prozesskostenhilfe (§ 127 ZPO). Gleichwohl gibt es auch Beschlüsse mit verfahrensbeendigender Wirkung, zB die Beschlüsse nach § 91a ZPO (beiderseitige Erledigungserklärung), § 269 ZPO (Kostenentscheidung nach Klagerücknahme), § 544 IV 1 ZPO (Entscheidung über die Nichtzulassungsbeschwerde). Beschlüsse sind teilweise mit der Beschwerde nach §§ 567 ff. ZPO anfechtbar. In einigen Fällen sind Beschlüsse aber auch nicht anfechtbar. Das ist dann im Gesetz gesondert bezeichnet.
  Eine Verfügung nach § 329 ZPO ist eine solche Prozesshandlung des Gerichts, die der Vorsitzende des Kollegialgerichts, der ersuchte oder beauftragte Richter bzw. Rechtspfleger oder Urkundsbeamter der Geschäftsstelle allein vornehmen

kann. Sie hat eine eher untergeordnete Bedeutung und nur prozessleitenden Charakter. Einen Prozess kann sie nie beenden. Durch sie werden nur prozessleitende Anordnungen von untergeordneter Bedeutung getroffen, etwa die Terminsbestimmung nach § 216 II ZPO oder andere Maßnahmen der Prozessvorbereitung nach § 273 III ZPO.

Welche verschiedenen Arten von Urteilen gibt es?

- Nach Gegenstand: Leistungsurteil, Feststellungsurteil, Gestaltungsurteil. Nach Wirkung: Endurteil, Vorbehaltsurteil, Zwischenurteil.

Was versteht man unter dem Streitgegenstand und wofür spielt das eine Rolle?

- Antrag + Lebenssachverhalt (sog. zweigliedriger Streitgegenstandsbegriff), wichtig für: Klageänderung und den Umfang der Rechtskraft.

Stellen Sie sich vor, Ihr Mandant hat ein Objekt errichten lassen, an dem zwei Handwerker gearbeitet haben. Das Objekt ist mangelhaft. Einer von beiden hat mangelhaft gearbeitet, Sie wissen aber nicht, welcher. Beide Handwerker schieben die Schuld jeweils auf den anderen. Was sollten Sie in diesem Fall machen?

- Zunächst sollten beide Handwerker zur Leistung aufgefordert, also in Verzug gesetzt werden (vgl. auch § 93 ZPO). Wenn keiner freiwillig zahlt, sollte einer der beiden Handwerker verklagt werden und dem anderen Handwerker der Streit verkündet werden, §§ 72 ff. ZPO.

Was hätte das für Vorteile?

- Es würde die Nebeninterventionswirkung des § 68 ZPO eintreten und außerdem würde die Verjährung gehemmt, § 204 I Nr. 6 BGB.

Was bedeutet Nebeninterventionswirkung?

- Mit der Interventionswirkung könnte vermieden werden, dass der Mandant nach einer Niederlage im ersten Prozess (gegen den ersten Handwerker) in einem zweiten Rechtsstreit (gegen den zweiten Handwerker) mit einer dem ersten Urteil widersprechenden Begründung erneut unterliegt. Die Wirkung der Nebenintervention besteht darin, dass in einem Folgeprozess das Urteil des Vorprozesses im Verhältnis zwischen dem Streitverkündeten und der Hauptpartei zu deren Gunsten, nicht aber zu deren Lasten als richtig gilt.

Und was wäre dann mit den Kosten eines vergeblichen Vorprozesses? Wer zahlt die?

- Die würde dann derjenige zahlen müssen, der letzten Endes für den Schaden verantwortlich ist und den Prozess verliert. Voraussetzung ist natürlich, dass beide Handwerker ganz am Anfang in Verzug gesetzt wurden, damit eine materielle Anspruchsgrundlage zur Verfügung steht (§§ 286, 280 II BGB). Schließlich sind die Klagen gegen den »anderen« Handwerker nur dann gelaufen, weil der verantwortliche Handwerker nicht von Anfang an gezahlt hat.

Erst gestern hatte ich wieder eine Akte auf dem Schreibtisch, in dem ein gelber Zettel war. Sie wissen doch aus Ihrer Zivilstation bestimmt, was das ist, oder?

- Die Zustellungsurkunde nach § 182 ZPO. Sie weist nach, dass ein Schriftstück tatsächlich zugestellt wurde und hat als öffentliche Urkunde Beweiskraft nach § 418 ZPO.

Worin unterscheidet sich eine Zustellung gegen Empfangsbekenntnis von einer Zustellung mittels einer Zustellungsurkunde? An welche Personen kann gegen Empfangsbekenntnis zugestellt werden?

▶ Bei einer Zustellung gegen Empfangsbekenntnis nach § 174 ZPO kommt es nicht darauf an, auf welchem Weg das Schriftstück an den Empfänger gelangt. Es kann etwa durch einfachen Brief, Einlage in ein Postfach, direkte Aushändigung oder auf elektronischem Weg übermittelt werden. Der Empfänger sendet anschließend das mit dem Schriftstück erhaltene Empfangsbekenntnis mit dem Datum der Zustellung und seiner Unterschrift an das Gericht zurück, § 174 IV ZPO. Zugestellt ist das Schriftstück dann, wenn der Empfänger vom übermittelten Schriftstück Kenntnis erlangt hat und es empfangsbereit (zB durch Unterschrift auf dem Empfangsbekenntnis) entgegennimmt. Eine inhaltliche Kenntnisnahme des Schriftstücks ist für die Zustellung nicht erforderlich. Gegen Empfangsbekenntnis werden Schriftstücke nur solchen Personen zugestellt, bei denen aufgrund ihres Berufes von einer erhöhten Zuverlässigkeit ausgegangen werden kann, wie etwa Anwälten, Notaren oder Steuerberatern, § 174 I ZPO.

Bei einer Zustellung mittels einer Zustellungsurkunde übergibt die Geschäftsstelle der Post den Zustellungsauftrag, das zuzustellende Dokument in einem verschlossenen Umschlag und einen vorbereiteten Vordruck einer Zustellungsurkunde. Bei der Zustellung muss der Postbedienstete die Vorschriften der §§ 177 ff. ZPO beachten. Über die Tatsachen bei der Ausführung der Zustellung fertigt der Postbedienstete eine Zustellungsurkunde mit dem sich aus § 182 II ZPO ergebenden Inhalt (Bezeichnung der Person, der zugestellt werden sollte, Bezeichnung der Person, welcher das Schriftstück tatsächlich zugestellt wurde, Ort und Datum der Zustellung etc.). Diese Zustellungsurkunde ist eine öffentliche Urkunde nach § 415 I ZPO. Sie begründet nach § 418 ZPO insbesondere den vollen Beweis dafür, dass das Schriftstück der in der Zustellungsurkunde genannten Person zur angegebenen Zeit am angegebenen Ort übergeben wurde.

Wissen Sie, was ein Rheinisches Notariat ist?

▶ Ein Rheinisches Notariat (manchmal auch »Nurnotariat« genannt) ist ein Notariat, das von einem Notar hauptberuflich ausgeübt wird. Hauptberufliche Notare dürfen keine weitere bezahlte Amtstätigkeit oder einen weiteren gewerblichen Beruf ausüben. Eine bezahlte Nebentätigkeit, etwas als Prüfer im Staatsexamen, darf nur auf Antrag und mit einer Genehmigung der zuständigen Aufsichtsbehörde ausgeübt werden. Gleiches gilt für hauptberufliche Tätigkeiten des Notars im Vorstand oder im Aufsichtsrat eines Unternehmens.

Vom hauptberuflichen/rheinischen Notariat unterscheidet sich der Anwaltsnotar dadurch, dass er das Notaramt neben einer Rechtsanwaltstätigkeit ausübt. Möglichen Interessenkollisionen, die sich daraus ergeben könnten, dass der Anwaltsnotar in seiner Eigenschaft als Rechtsanwalt die einseitigen Interessen einer Partei vertritt, während er in seiner Eigenschaft als Notar unabhängiger und unparteiischer Betreuer aller Beteiligten ist, versucht das Gesetz durch umfangreiche Mitwirkungsverbote entgegenzuwirken. Anwaltsnotare dürfen daher nicht in einer Angelegenheit als Notar tätig werden, in der sie bereits als Rechtsanwalt tätig waren (und umgekehrt), vgl. § 3 BeurkG.

Ein Anwalt schreibt auf sein Kanzleischild »Zugelassen beim OLG Köln«. Was heißt das? Kann dieser Anwalt jetzt nur beim OLG Köln auftreten?

- Nein, diese sog. »Singularzulassung« wurde vom BVerfG zum 1.7.2002 für verfassungswidrig erklärt. Dieser Anwalt kann also schon seit mehr als zehn Jahren vor allen Oberlandesgerichten der Republik auftreten und sollte daher sein Kanzleischild aktualisieren, § 78 I ZPO. Seit dem 1.1.2007 ist dafür auch keine fünfjährige Berufserfahrung mehr nötig.

Ihre Mandantin aus Düsseldorf kommt zu Ihnen und berichtet, dass sie heute eine einstweilige Verfügung zugestellt bekommen hat. Darin werde sie zur Herausgabe ihres Dackels Rusty an ihren Ehemann aufgefordert. Was kann mit einer einstweiligen Verfügung alles erreicht werden? Was hat sie für Vorteile?

- Mit einer einstweiligen Verfügung können subjektive Rechte bereits vor einer Entscheidung im Hauptsacheverfahren wirksam geschützt werden. Schließlich ist die Anrufung eines Gerichts im Hauptsacheverfahren für einen wirksamen Rechtsschutz nicht ausreichend, wenn wegen der Dauer des Verfahrens zu befürchten ist, dass bis zur Entscheidung in der Hauptsache das streitige Recht endgültig verkürzt oder die Rechtsverletzung fortgesetzt wird.

Welches Gericht wäre hier zuständig?

- Das Gericht der Hauptsache, § 937 ZPO. Örtlich zuständig ist Düsseldorf, § 13 ZPO. Sachlich zuständig ist das Amtsgericht Düsseldorf nach §§ 23 Nr. 1, 71 GVG, weil der herauszugebende Hund wohl nicht mehr als 5.000 EUR wert ist.

Im Gespräch kommt heraus, dass die Frau kein Geld hat, um sich das Gerichtsverfahren leisten zu können. Was schlagen Sie vor?

- Für die gerichtliche Tätigkeit sollte Prozesskostenhilfe (PKH) beantragt werden, §§ 114 ff. ZPO.

> **Tipp:** In Familiensachen wird die Prozesskostenhilfe »Verfahrenskostenhilfe« genannt, vgl. §§ 76 ff. FamFG.

Wann wird ein solcher Antrag bewilligt?

- §§ 114 ff. ZPO lesen! Der Antrag wird bewilligt, wenn
  a) hinreichende Erfolgsaussichten hinsichtlich der Rechtsverfolgung bestehen;
  b) der Antragsteller bedürftig ist;
  c) und die beabsichtigte Rechtsverfolgung oder Rechtsverteidigung nicht mutwillig ist.
  Das PKH-Verfahren ist gerichtskostenfrei, die Partei ist dann auch von Auslagenvorschüssen befreit.

Auf was ist die Mandantin unbedingt hinzuweisen? Anders gefragt: Was ist mit den gegnerischen Kosten, wenn die Mandantin das Verfahren verliert. Wer trägt diese?

- Die Mandantin ist unbedingt auf § 123 ZPO hinzuweisen (Anwaltshaftung!): Wenn sie verliert, muss sie trotz PKH die Kosten tragen, die dem Gegner entstanden sind (wird häufig vergessen!).

Stellen Sie sich vor, diese Mandantin möchte einige Wochen später von Ihnen außergerichtlich beraten werden, etwa wegen ihrer Mängelrechte bezüglich eines defekten Kühlschranks. Sie teilt Ihnen aber mit, dass sie als alleinerziehende Mutter mit drei Kindern nur ein sehr geringes Einkommen hat und sich das Anwaltshonorar nicht leisten kann. Was raten Sie ihr?

▶ Sie könnte Beratungshilfe nach dem Beratungshilfegesetz (BerHG) beantragen. Die Beratungshilfe ist eine Parallele zur Prozesskostenhilfe bei gerichtlichen Verfahren. Sie setzt voraus, dass der Rechtsuchende nach seinen persönlichen und wirtschaftlichen Verhältnissen die für eine Beratung oder Vertretung erforderlichen Mittel nicht aufbringen kann, keine anderen zumutbaren Möglichkeiten für eine Hilfe bestehen und die beabsichtigte Wahrnehmung der Rechte nicht mutwillig ist, § 1 BerHG. Die Beratungshilfe besteht in Beratung und, soweit erforderlich, auch in Vertretung.

Und wo könnte die Dame einen solchen Antrag stellen? Wer entscheidet darüber? Würden Sie die Dame wieder nach Hause schicken?

▶ Über den Antrag auf Beratungshilfe entscheidet das Amtsgericht, in dessen Bezirk der Rechtsuchende seinen allgemeinen Gerichtsstand hat, § 4 I BerHG. Das Amtsgericht stellt dann einen Beratungsschein aus, mit dem man sich dann grundsätzlich von einem Rechtsanwalt seiner Wahl beraten lassen kann, § 6 I BerHG. Dieser Antrag kann beim Amtsgericht selbst gestellt werden. Möglich ist auch, unmittelbar einen Rechtsanwalt aufzusuchen, der dann den Antrag auf Beratungshilfe an das Amtsgericht weiterleitet. Die Dame sollte also nicht wieder nach Hause geschickt werden, da der Rechtsanwalt ihren Antrag aufnehmen und an das zuständige Amtsgericht weiterleiten kann. Sie sollte aber darauf hingewiesen werden, dass sie die Anwaltskosten selbst tragen muss, falls das Amtsgericht ihren Antrag auf Beratungshilfe ablehnt.

Was unterscheidet den Arrest von der einstweiligen Verfügung?

▶ Der Arrest nach §§ 916 ff. ZPO kommt in Betracht, wenn der zu sichernde Anspruch auf die Zahlung von Geld gerichtet ist oder einen Anspruch betrifft, der sich in eine Geldforderung umwandeln kann (im Endeffekt also alles, was nach den §§ 803 ff. ZPO vollstreckt würde).
Die einstweilige Verfügung nach §§ 935 ff. ZPO kommt hingegen dann in Betracht, wenn es um die vorläufige Sicherung von sonstigen Ansprüchen geht, zB auf Herausgabe oder Unterlassung.

Was passiert denn, wenn ein Arrest erfolgreich ist? Was wird das Gericht in den meisten Fällen anordnen?

▶ Am häufigsten findet ein dinglicher Arrest statt, § 917 ZPO. Dieser kann angeordnet werden, wenn ohne dessen Verhängung die Vollstreckung eines im normalen Verfahren ergehenden Urteils vereitelt oder wesentlich erschwert werden würde. Die Entscheidung lautet dann, dass wegen einer bestimmten Geldforderung, die nach Grund und Höhe zu bezeichnen ist, der dingliche Arrest in das Vermögen des Antragsgegners angeordnet wird. Der erlassene dingliche Arrest ist Vollstreckungstitel und erlaubt die Zwangsvollstreckung durch Pfändung von beweglichem Vermögen oder Eintragung einer Sicherungshypothek bei Grundstücken, allerdings nur zum Zwecke der Sicherung, während eine Verwertung gepfändeter Gegenstände aufgrund des Arrests ausgeschlossen ist.

Bekommen Sie, etwa bei einer durch Arrest gesicherten Zahlungsklage, das Geld nach dem erfolgreichen Antrag?

- Nein, wenn der Arrest erfolgreich ist, wird der Anspruch nur gesichert. Das erfolgt durch Pfändung nach § 930 ZPO. Eine Befriedigung (durch Einziehung der Forderung) findet nicht statt.

Muss für den Erlass einer einstweiligen Verfügung bereits in der Hauptsache eine Klage eingereicht sein?

- Nein, vgl. §§ 936, 926 ZPO: Das Gericht hat aber auf Antrag ohne mündliche Verhandlung anzuordnen, dass die Partei, die die einstweilige Verfügung erwirkt hat, binnen einer zu bestimmenden Frist Klage zu erheben hat.

Was wird für eine einstweilige Verfügung alles benötigt?

- Die einstweilige Verfügung setzt einen Verfügungsanspruch (der gesichert werden soll) und einen Verfügungsgrund voraus, nämlich die Befürchtung, dass durch eine Veränderung des bestehenden Zustandes die Verwirklichung eines Rechts vereitelt oder wesentlich erschwert werden kann (Dringlichkeit), § 935 ZPO. Man unterscheidet die Sicherungsverfügung, die Regelungs- und die Leistungsverfügung. Die dem Verfügungsanspruch und dem Verfügungsgrund zugrundeliegenden Tatsachen müssen zudem grundsätzlich glaubhaft gemacht werden, § 936 ZPO iVm § 920 II (iVm § 294) ZPO. Wie macht man etwas glaubhaft? In der Praxis vor allem durch eine eidesstattliche Versicherung, vgl. § 294 I ZPO.

Ausnahme: Bei verbotener Eigenmacht ist nach der Rspr. wegen Schutzunwürdigkeit des Gegners die Glaubhaftmachung der Dringlichkeit entbehrlich. Bei der Bauhandwerkersicherungshypothek sowie beim Grundbuchberichtigungsanspruch wird die Dringlichkeit (nach hM widerleglich) vermutet, vgl. §§ 885 I 2, 899 II 2 BGB.

Worin unterscheidet sich denn die Sicherungs- von der Regelungsverfügung?

- Die Sicherungsverfügung nach § 935 ZPO dient der Sicherung eines Individualanspruchs wie etwa Sicherung eines Anspruchs auf Herausgabe, Lieferung oder Übereignung. Aber auch der Anspruch auf Unterlassung eines bestimmten Handelns kann damit einstweilen durchgesetzt werden.
  Die Regelungsverfügung nach § 940 ZPO setzt voraus, dass schon ein streitiges Rechtsverhältnis zwischen den Parteien des Verfahrens besteht, etwa ein Dauerschuldverhältnis (Miete, Arbeitsverhältnis).

Tipp: In der Praxis ist die Abgrenzung zwischen beiden Verfügungsarten oft schwer durchzuführen, aber auch ohne praktische Relevanz. Schließlich kann das Gericht nach § 938 ZPO das Erforderliche ohnehin nach freiem Ermessen veranlassen.

Und was ist dann eine Leistungsverfügung?

- Auf der Grundlage des § 940 ZPO lässt die Rechtsprechung in Ausnahmefällen eine einstweilige Verfügung auf Vorwegnahme der Hauptsache bzw. vollständige Befriedigung des Gläubigers zu. Sie kommt in Betracht, wenn diesem ansonsten ein unverhältnismäßig großer, irreparabler oder existenzgefährdender Nachteil droht. Typische Anwendungsfälle sind etwa die Herausgabe dringend benötigter Geräte, Unterlagen, Arbeitspapiere oder Unterhaltsansprüche. Diese Fälle sind eine Ausnahme, denn grundsätzlich gilt im einstweiligen Rechtsschutz der Grundsatz: Keine Vorwegnahme der Hauptsache.

Wird bei einem vorläufigen Rechtsschutzverfahren der jeweilige Anspruch komplett geprüft?

▶ Ja, aber nur im Rahmen einer summarischen Prüfung. Das heißt, entschieden wird grundsätzlich auf der Basis des vorgetragenen oder bekannten Sachverhalts und der von dem Antragsteller glaubhaft gemachten Tatsachen. Eine förmliche Beweisaufnahme durch Zeugenvernehmung, Ortsbesichtigung etc. lässt die bezweckte Beschleunigung des Verfahrens in der Regel nicht zu.

Stellen Sie sich vor, gegen Ihren Mandanten ist eine einstweilige Verfügung ergangen, weil er angekündigt hatte, in der nächsten Aussage des »Spiegel« ein Geheimnis zu lüften, was den berechtigten Interessen eines Unternehmens zuwiderlaufen könnte. Was können Sie als Anwalt gegen diese einstweilige Verfügung unternehmen?

▶ Grundsätzlich besteht die Möglichkeit, einen Widerspruch nach §§ 936, 924 ZPO oder eine Berufung einzulegen.
Der Widerspruch nach §§ 936, 924 ZPO ist dann statthaft, wenn die einstweilige Verfügung als Beschluss ohne mündliche Verhandlung ergangen ist. Zweck und notwendige Folge ist, dass die Sache terminiert wird, damit der Mandant rechtliches Gehör bekommt.
Wenn die einstweilige Verfügung allerdings durch Urteil, also mit mündlicher Verhandlung erlassen wurde, ist die Berufung nach §§ 936, 922 ZPO statthaft.
Der Anwalt sollte in allen diesen Fällen an einen Antrag auf vorläufige Einstellung der Zwangsvollstreckung denken, vgl. §§ 924 III, 719, 707 ZPO.

Und was ist, wenn ihr Mandant selbst eine einstweilige Verfügung erlassen will, das Gericht diesen Antrag aber durch Beschluss zurückweist. Was kann man dann machen?

▶ Dann kann sofortige Beschwerde nach § 567 I Nr. 2 ZPO eingelegt werden.

Was denken Sie, in welchen Bereichen wird in der Praxis am häufigsten eine einstweilige Verfügung erlassen?

▶ Im Bereich des Wettbewerbs.

Beispiel: Apple erwirkt beim LG Düsseldorf, dass das Konkurrenzprodukt des »iPad«, das »Samsung Galaxy Tab«, nicht weiter vertrieben werden darf.

Und welches Gericht ist für die Anordnung der einstweiligen Verfügung zuständig?

▶ Grundsätzlich ist gem. §§ 937 I, 942, 943 ZPO das Gericht der Hauptsache zuständig. Unabhängig davon kann aber bei belegenen Sachen in Eilfällen das Amtsgericht, in dessen Bezirk sich der Streitgegenstand befindet, angerufen werden (§ 942 I ZPO).

Und was ist bei einstweiligen Verfügungen bei Wettbewerbssachen?

▶ Da gilt § 14 UWG: Es ist das Gericht zuständig, in dessen Bezirk der Beklagte seine gewerbliche oder selbstständige berufliche Niederlassung oder in Ermangelung einer solchen seinen Wohnsitz hat. Hat der Beklagte auch keinen Wohnsitz, so ist sein inländischer Aufenthaltsort maßgeblich.

Abwandlung: Ihr Mandant kommt zu Ihnen und befürchtet, dass wegen seines beabsichtigten Artikels wahrscheinlich eine einstweilige Verfügung gegen ihn erlassen werden könnte. Was raten Sie ihm? Sollte er die einstweilige Verfügung abwarten?

▶ Für den Mandanten sollte eine Schutzschrift hinterlegt werden. Dabei handelt es sich um eine Art »Vorausverteidigung« für den Fall, dass man das Ziel einer einstweiligen Verfügung oder Anordnung werden sollte. Die Schutzschrift setzt sich inhaltlich mit den voraussichtlichen Argumenten des Gegners auseinander und dient dazu, trotz tatsächlicher oder angeblicher Eilbedürftigkeit der einstweiligen Verfügung, dem Gericht noch die eigene Position vorzutragen. Nach dem zum 1.1.2016 in Kraft getretenen § 945a ZPO hat die Landesjustizverwaltung Hessen für die Länder ein zentrales, länderübergreifendes elektronisches Register für Schutzschriften (Schutzschriftenregister) eingeführt. Sobald eine Schutzschrift in dieses zentrale elektronische Schutzschriftenregister eingestellt ist, gilt sie als bei allen ordentlichen Gerichten der Länder (§ 945a II 1 ZPO) und allen Arbeitsgerichten der Länder (§§ 62 II 3, 85 II 3 ArbGG) eingereicht.

Stellen Sie sich vor, Ihr Mandant heißt Apple und möchte, dass Sie eine einstweilige Verfügung gegen den Verkauf des Konkurrenzproduktes »Samsung Galaxy Tab« beantragen. Auf was müssen Sie Ihren Mandanten unbedingt hinweisen, um nicht in die Anwaltshaftung hineinzulaufen?

▶ Auf die verschuldensunabhängige Schadensersatzpflicht des Mandanten nach § 945 ZPO. Danach müsste Apple unter anderem Schadensersatz leisten, wenn sich die einstweilige Verfügung als von Anfang an ungerechtfertigt erweist.

Was machen Sie als Anwalt, wenn Sie nach dem Urteil feststellen, dass der Tatbestand Fehler enthält?

▶ Es sollte innerhalb der zweiwöchigen Frist des § 320 I ZPO einen Antrag auf Tatbestandsberichtigung gestellt werden.

Sie haben einem Freund Geld geliehen, was er am 1.1.2016 zurückzahlen sollte. Er zahlt – trotz mehrfacher Aufforderung – nicht, obwohl er zugesteht, das Geld bekommen zu haben. Was könnten Sie hier machen, um schnell zu ihrem Geld zu kommen?

▶ Es könnte einen Mahnbescheid nach §§ 688 ff. ZPO beantragt werden. Dadurch könnte man schnell einen Vollstreckungstitel, den Vollstreckungsbescheid nach § 699 ZPO, bekommen und daraus vollstrecken.

Wissen Sie, welche Gerichte in NRW für solche Mahnverfahren zuständig sind?

▶ Das Amtsgericht Euskirchen (für die Mahnverfahren aus den Bezirken der Amtsgerichte des Oberlandesgerichts Köln) und das Amtsgericht Hagen (für die Mahnverfahren aus den Bezirken der Amtsgerichte in den Oberlandesgerichtsbezirken Düsseldorf und Hamm).

Übersicht der Mahngerichte in Deutschland

Bundesland	Zuständiges Mahngericht
Baden-Württemberg	Amtsgericht Stuttgart
Bayern	Amtsgericht Coburg
Berlin	Amtsgericht Wedding
Brandenburg	Amtsgericht Wedding
Bremen	Amtsgericht Bremen
Hamburg	Amtsgericht Hamburg
Hessen	Amtsgericht Hünfeld
Mecklenburg-Vorpommern	Amtsgericht Hamburg
Niedersachsen	Amtsgericht Uelzen
Nordrhein-Westfalen	OLG Bezirk-Köln: Amtsgericht Euskirchen Für die Bezirke der Amtsgerichte in den OLG-Bezirken Düsseldorf und Hamm: Amtsgericht Hagen

Bundesland	Zuständiges Mahngericht
Rheinland-Pfalz	Amtsgericht Mayen
Saarland	Amtsgericht Mayen
Sachsen	Amtsgericht Aschersleben
Sachsen-Anhalt	Amtsgericht Aschersleben
Schleswig-Holstein	Amtsgericht Schleswig
Thüringen	Amtsgericht Aschersleben

Wann bietet sich das Mahnverfahren nur an?

- Wenn zu erwarten ist, dass der Schuldner nicht dagegen vorgeht. Ansonsten würde sich das Verfahren nur unnötig verzögern.

Was kann der Schuldner gegen einen Mahnbescheid unternehmen und was würde passieren, wenn er dagegen vorgeht?

- Der Mahnbescheid enthält nach § 692 I Nr. 3 ZPO die Aufforderung, innerhalb von zwei Wochen ab der Zustellung des Mahnbescheids dem Gericht mitzuteilen, ob und in welchem Umfang der Schuldner dem geltend gemachten Anspruch widerspricht. Nach Empfang des Mahnbescheides hat der Schuldner also die Möglichkeit, gegen den Mahnbescheid Widerspruch nach § 694 ZPO einzulegen.
  Wenn der Schuldner gegen den Mahnbescheid Widerspruch einlegt, hat das Mahngericht den Antragsteller von dem Widerspruch und dem Zeitpunkt seiner Erhebung in Kenntnis zu setzen. Der Antragsteller kann dann entweder nach § 696 ZPO die Durchführung des streitigen Verfahrens beantragen oder einfach die notwendigen Gerichtskosten für die Durchführung des streitigen Verfahrens zahlen. Das ist als konkludenter Antrag auf Durchführung des streitigen Verfahrens auszulegen. Der Gläubiger hat aber auch die Möglichkeit, bereits im Antrag auf Erlass eines Mahnbescheides die Durchführung des streitigen Verfahrens zu beantragen, falls der Schuldner Widerspruch einlegt, § 696 I 2 ZPO.

Nehmen wir an, der Schuldner unternimmt nichts gegen den Mahnbescheid. Wie geht das Verfahren weiter?

- Wenn der Schuldner nicht oder nicht rechtzeitig gegen den Mahnbescheid Widerspruch erhebt, so kann das Mahngericht auf Antrag des Gläubigers einen Vollstreckungsbescheid erlassen, § 699 I 1 ZPO.

Was hat der Vollstreckungsbescheid für Vorteile? Anders gefragt: Warum ist dieser für den Gläubiger besonders attraktiv?

- Der Vollstreckungsbescheid nach §§ 700 I, 708 Nr. 2 ZPO steht einem für vorläufig vollstreckbar erklärten Versäumnisurteil gleich. Er ist Vollstreckungstitel iSd § 794 I Nr. 4 ZPO, sodass die Zwangsvollstreckung gegen den Schuldner zulässig ist.

Wie kann der Schuldner dann noch gegen den Vollstreckungsbescheid vorgehen? Wie könnte das Verfahren weitergehen?

- Der Schuldner kann gegen den Vollstreckungsbescheid innerhalb einer Notfrist von zwei Wochen Einspruch einlegen, §§ 700 I, 338, 339 ZPO. Wenn dies erfolgt, gibt das Mahngericht bzw. der Rechtspfleger, das bzw. der den Vollstreckungsbescheid erlassen hat, das Verfahren von Amts wegen an das im Mahnbescheid bezeichnete Streitgericht ab, § 700 III 1 ZPO.
  Wenn der Schuldner keinen Einspruch einlegt, wird der Vollstreckungsbescheid rechtskräftig und der Schuldner kann sich nur noch in Ausnahmefällen gegen die geltend gemachte Forderung wehren, zB bei Arglist.

Tipp: Sie sollten sich vor ihrer mündlichen Prüfung noch einmal einen Überblick über die übrigen besonderen Verfahrensarten in der ZPO verschaffen, insbesondere über das Eilverfahren nach §§ 916 ff. ZPO und den Urkunden- und Wechselprozess nach §§ 592 ff. ZPO.

Wie grenzt man eine Fiktion von einer Vermutung ab? Nennen Sie ein Beispiel für beides.

▶ Eine gesetzliche Fiktion ordnet an, tatsächliche oder rechtliche Umstände als gegeben zu behandeln, obwohl sie in Wirklichkeit nicht vorliegen. Klassisches Beispiel für eine gesetzliche Fiktion ist die Erbfähigkeit des Nasciturus nach § 1923 BGB.
Eine Vermutung dagegen ist im Normalfall widerleglich, § 292 S. 1 ZPO. Man unterscheidet daher zwischen widerleglichen und unwiderleglichen Vermutungen.
Ein Beispiel für eine widerlegliche Vermutung ist § 1006 I 1 BGB, wonach zugunsten des Besitzers einer beweglichen Sache vermutet wird, dass er Eigentümer der Sache sei.
Eine unwiderlegliche Vermutung ist dagegen in § 1566 II BGB normiert. Danach wird unwiderlegbar vermutet, dass die Ehe gescheitert ist, wenn die Ehegatten seit drei Jahren getrennt leben.

Worin unterscheiden sich Hypothek und Grundschuld?

▶ Die Grundschuld wird wie die Hypothek zur Sicherung einer Forderung verwendet. Bei beiden handelt es sich um Grundpfandrechte.
Die Hypothek ist gem. § 1113 I BGB akzessorisch. Sie kann also ohne die ihr zugrundeliegende Forderung nicht existieren und steht grundsätzlich dem zu, der Inhaber der Forderung ist.
Die Grundschuld ist nach § 1191 I BGB dagegen nicht akzessorisch. Auf die Grundschuld sind nach § 1192 I BGB nur die Vorschriften aus dem Hypothekenrecht anwendbar, die nicht auf deren Akzessorietät beruhen. Die Grundschuld und die zu sichernde Forderung sind ohne gesetzliche Akzessorietät über eine Sicherungsabrede (= atypischer Schuldvertrag nach §§ 311, 241 BGB) miteinander verknüpft.

Tipp: In der Praxis hat die Grundschuld die Hypothek weitgehend abgelöst. Dies liegt vor allem an der besseren Verkehrsfähigkeit der Grundschuld.

Beispiel: Wenn der Schuldner bei einer Grundschuld auf die gesicherte Darlehensforderung zahlt (Regelfall), erlischt diese nach § 362 BGB. Die Grundschuld bleibt aber als Fremdgrundschuld bestehen. Das Grundbuch ist nicht unrichtig. Der Schuldner/Eigentümer hat aber einen Anspruch auf Rückübertragung der Grundschuld aus der Sicherungsabrede. Die bestehende Grundschuld kann dann erneut als Sicherheit verwendet werden, indem etwa ein neues Darlehen beantragt und dafür die Grundschuld als Sicherheit gewährt wird. Die bereits bestehende Grundschuld braucht dann nur noch an den neuen Gläubiger abgetreten zu werden. Der Schuldner/Eigentümer kann sich somit Notargebühr und die Eintragungsgebühr beim Grundbuchamt sparen, die bei der Neubestellung einer Grundschuld oder Hypothek anfallen würden. Lesen Sie dazu *Kaiser/Kaiser/Kaiser*, Materielles Zivilrecht im Assessorexamen, 8. Aufl. 2016, Rn. 50 ff.

Wie viele Abteilungen hat das Grundbuch? Was wird in den jeweiligen Abteilungen eingetragen?

▶ Das Grundbuch hat drei Abteilungen:
In Abteilung I sind die Eigentumsverhältnisse an dem jeweiligen Grundstück verzeichnet. Vermerkt werden der jeweilige Eigentümer sowie das Datum und der Grund des Eigentumsübergangs.

In Abteilung II sind alle Beschränkungen und Lasten des Grundstücks mit Ausnahme der Grundpfandrechte verzeichnet. Zu den Lasten zählen etwa Vormerkungen, Erbbaurechte oder Grunddienstbarkeiten. Zu den Beschränkungen gehören etwa Vermerke hinsichtlich einer Zwangsversteigerung oder einer Nacherbfolge.
In Abteilung III werden die Grundpfandrechte, also Hypothek (§ 1113 BGB), Grundschuld (§ 1191 BGB) und Rentenschuld (§ 1199 BGB) verzeichnet.

Tipp: Wenn Ihr Prüfer Notar ist, sollten sie sich alle Probleme rund um das Grundbuch und zur Grundbuchordnung einmal intensiver anschauen. Die Basics zum Wohnungseigentumsgesetz (WEG) können Sie sich in kurzer Zeit durch die Kommentierung des WEG im juris-Praxiskommentar gut aneignen.

Wo würde demnach eine Hypothek/Grundschuld eingetragen werden?

- Eine Hypothek/Grundschuld wird in Abteilung III bei den Grundpfandrechten eingetragen.

Was sind Personengesellschaften?

- Zu den Personengesellschaften werden die GbR, die OHG und die KG gezählt. Die letzten beiden werden häufig auch als Personenhandelsgesellschaften bezeichnet, da ihr Zweck auf den Betrieb eines Handelsgewerbes gerichtet ist.

Was unterscheidet eine OHG von einer KG?

- Die Gesellschafter einer OHG haften nach § 128 HGB für die Verbindlichkeiten der Gesellschaft als Gesamtschuldner persönlich. Jeder haftet unmittelbar, unbeschränkt, gesamtschuldnerisch, rück- und abgangsbezogen.
  Bei der KG haftet nur mindestens ein Gesellschafter unbeschränkt: der Komplementär (Eselsbrücke: Komplementär = komplette Haftung). Die Kommanditisten haften nach § 171 HGB grundsätzlich nicht, wenn sie ihre Einlage geleistet haben.

Tipp: Wiederholen Sie zur Haftung in der Gesellschaft und der Gesellschafter im Skript *Kaiser/Kaiser/Kaiser*, Materielles Zivilrecht im Assessorexamen, 8. Aufl. 2016, Rn. 113.

Was ist eine Körperschaft des privaten Rechts?

- Bei der Körperschaft des privaten Rechts handelt es sich um eine körperschaftlich organisierte juristische Person des Privatrechts. Der Grundtyp der Körperschaften des Privatrechts ist der eingetragene Verein. Bei den Körperschaften haftet nur die Gesellschaft, nicht die einzelnen Gesellschafter.

Was ist eine juristische Person?

- Eine juristische Person ist eine von der Rechtsordnung anerkannte Personenvereinigung oder Vermögensmasse. Sie ist also selbst Träger von Rechten und Pflichten.

Sie sind Rechtsanwalt. Ein Mandant kommt in ihre Kanzlei und berichtet, dass ihm sein Unternehmen nach 20 Jahren Betriebszugehörigkeit heute gekündigt hat. Was fragen Sie ihn als Erstes?

- Wie viele Mitarbeiter in dem Unternehmen arbeiten. Schließlich hängt davon ab, ob das KSchG anwendbar ist.

Was machen Sie als Anwalt, wenn ein Richter ein Urteil erlässt, was nur mit »Urteil« überschrieben ist, aber tatsächlich ein Versäumnisurteil ist, es der Form nach also zweifelhaft ist, welche Entscheidung das Gericht getroffen hat?

- Nach dem Meistbegünstigungsgrundsatz ist jedes Rechtsmittel statthaft, das gegen eine der infrage kommenden Entscheidungsformen statthaft ist.

Welches ist der für Sie wichtigste Fall der Gefährdungshaftung?

- § 7 I StVG (Halterhaftung).

In welchen Gesetzen sind weitere Gefährdungshaftungstatbestände normiert?

- Im BGB (zB § 833 S.1 BGB: Tierhalterhaftung), Produktsicherheitsgesetz, Luftsicherheitsgesetz, Bundesjagdgesetz.

Welche Beweismittel sind im Zivilprozess zugelassen und wie nennt man das?

- Das Sachverständigengutachten (§§ 402 ff. ZPO), Augenschein (§§ 371 ff. ZPO), Parteivernehmung (§§ 447 f. ZPO), Urkunden (§§ 415 ff. ZPO), Zeugen (§§ 373 ff. ZPO) und die amtliche Auskunft/Beiziehung von Urkunden, § 273 II Nr. 2 ZPO.
  Die Tatsache, dass im Zivilprozess in der Regel nur diese Beweismittel zugelassen sind, nennt man Strengbeweisverfahren. Das Gegenteil dazu ist das sog. Freibeweisverfahren, zB für die Zulässigkeitsvoraussetzungen der Klage, in der FamFG oder bei § 495a ZPO.

> **Tipp:** Merken Sie sich zu den statthaften Beweismitteln im Strengbeweisverfahren der ZPO die Eselsbrücke »**SAPUZA**«.
> S = Sachverständigengutachten
> A = Augenschein
> P = Parteivernehmung
> U = Urkunden
> Z = Zeugen
> A = Amtliche Auskunft

Was versteht man unter der Prozessführungsbefugnis?

- Unter der Prozessführungsbefugnis versteht man die Befugnis, das geltend gemachte Recht in eigenem Namen einzuklagen.

Kann man denn auch ein fremdes Recht in eigenem Namen geltend machen? Welche Arten gibt es?

- Ein fremdes Recht kann nur im Rahmen einer zulässigen Prozessstandschaft geltend gemacht werden. Man unterscheidet zwischen der gesetzlichen und der gewillkürten Prozessstandschaft. Gesetzliche Prozessstandschaft bedeutet, dass eine gesetzliche Norm ausdrücklich die Geltendmachung eines fremden Rechts im eigenen Namen erlaubt. Gewillkürte Prozessstandschaft heißt, dass der Anspruchsinhaber dem Kläger durch Rechtsgeschäft die Prozessführung übertragen hat.

Welche Fälle der gesetzlichen Prozessstandschaft kennen Sie?

- § 265 II ZPO, die Veräußerung oder Abtretung der Streitsache nach Rechtshängigkeit. Weitere Fälle sind etwa in §§ 432, 1368, 1629 III und 2039 BGB normiert.

Was sind die Voraussetzungen der gewillkürten Prozessstandschaft?

- Ermächtigung durch den Anspruchsinhaber, eigenes schutzwürdiges Interesse des Klägers an der Geltendmachung des fremden Rechts, Ausübung des Rechts muss übertragbar sein, Geltendmachung darf nicht gegen Treu und Glauben verstoßen.

Was ist eine Stufenklage?

- Die Erhebung einer Stufenklage ist in § 254 ZPO geregelt und kommt in Betracht, wenn der Klageantrag mangels Sachverhaltskenntnis noch nicht ausreichend beziffert werden kann und ein Auskunftsanspruch existiert. Die Stufenklage besteht in der Regel aus drei Stufen: Auskunft, ggf. eidesstattliche Versicherung und ggf. Herausgabe/Zahlung (je nach Auskunft).

Warum ist die Stufenklage gegenüber der isolierten Erhebung einer Auskunftsklage zweckmäßiger?

- Alle Ansprüche des Mandanten werden in einem Prozess umfassend geltend gemacht. Zudem tritt auch bzgl. des Herausgabe- oder Zahlungsanspruchs (3. Stufe) die Rechtshängigkeit und damit die Hemmung der Verjährung ein, § 204 I Nr. 1 BGB. Die Stufenklage ist zudem auch prozessökonomischer, da sie isolierte Prozesse vermeidet.

Tipp: Lesen Sie dazu *Kaiser/Kaiser/Kaiser*, Die Anwaltsklausur Zivilrecht, 6. Aufl. 2015, Rn. 32.

Was ist ein selbstständiges Beweisverfahren?

- Das selbstständige Beweisverfahren nach §§ 485 ff. ZPO ist ein besonderes Verfahren der ZPO, dessen Gegenstand allein auf eine Beweisaufnahme gerichtet ist. Durch einen Antrag auf Beweissicherung im selbstständigen Beweisverfahren kann erreicht werden, dass während oder außerhalb eines Rechtsstreits eine Beweiserhebung stattfindet.

Wann sollten Sie als Anwalt über ein selbstständiges Beweisverfahren nachdenken?

- Wenn Beweise gesichert werden sollen, um Rechtsnachteile abzuwehren, die dem Antragsteller durch den drohenden Verlust von Beweismitteln oder ihrer erschwerten Benutzung entstehen können (zB drohende Veränderung der zu begutachtenden oder in Augenschein zu nehmenden Sache, längere Ortsabwesenheit eines Zeugen, Unzumutbarkeit der Belassung einer Sache im beschädigten Zustand). Häufig kommt das selbstständige Beweisverfahren bei Verkehrsunfällen, Schadenersatzforderungen wegen mangelhafter Werkleistungen oder im Mietrecht zur Anwendung.

Wann ist es zulässig, einen unbezifferten Klageantrag zu stellen? Warum ist dieser sinnvoll?

- Grundsätzlich ist das unzulässig, vgl. Bestimmtheitsgrundsatz in § 253 II Nr. 2 ZPO. Ein unbezifferter Klageantrag kann aber dann gestellt werden, soweit es um die Entstehung und Höhe eines Schadens geht (§ 287 I ZPO) und bei Streitigkeiten über die Höhe einer Forderung, wenn eine vollständige Aufklärung nur mit unverhältnismäßigen Schwierigkeiten verbunden wäre (§ 287 II ZPO). Für die Zulässigkeit müssen dem Gericht die Schätzungsgrundlagen und – sei es durch die Streitwertangabe in der Klageschrift, durch Schweigen auf die gerichtliche Streitwertfestsetzung oder durch die Angabe eines Mindestbetrages in der Klagebegründung – eine ungefähre Größenordnung des vorgestellten Schmerzensgeldbetrages mitgeteilt werden. Ein unbezifferter Klageantrag kommt vor allem bei Klagen auf Schmerzensgeld iSv § 253 II BGB in Betracht. Sinnvoll ist ein unbezifferter Antrag, weil damit sowohl das Kostenrisiko gesenkt werden kann (vgl. §§ 91 f. ZPO) als auch das Gericht iSv § 308 ZPO in der Höhe nicht beschränkt ist.

Was ist ein zweites Versäumnisurteil?

- (§ 345 ZPO lesen:) Ein zweites Versäumnisurteil ergeht, wenn eine Partei, die den Einspruch eingelegt hat, in der zur mündlichen Verhandlung bestimmten Sitzung oder in derjenigen Sitzung auf welche die Verhandlung vertagt ist, nicht erscheint oder nicht zur Hauptsache verhandelt.

Wie können Sie gegen ein solches zweites Versäumnisurteil vorgehen?

- Gegen ein zweites Versäumnisurteil ist nur unter den engen Voraussetzungen der §§ 514 II, 565 ZPO Berufung bzw. Revision möglich. Ein Einspruch nach § 338 ZPO scheidet aus, vgl. § 345 ZPO aE.

Was ist das Besondere, wenn ein Versäumnisurteil nach Erlass eines Vollstreckungsbescheides nach § 700 VI ZPO ergangen ist?

- Der Vollstreckungsbescheid steht nach § 700 I ZPO einem ersten Versäumnisurteil gleich, sodass das bei Säumnis im Termin nach § 700 VI ZPO ergangene (erste) Versäumnisurteil praktisch ein zweites Versäumnisurteil darstellt. Dann kann sich der Beklagte auch in der Berufung damit verteidigen, dass die Klage unzulässig oder unschlüssig war. Nach hM ist dies zulässig, da der Richter im Einspruchstermin diese Aspekte wegen §§ 700 VI, 345, 333 ZPO ebenfalls prüfen muss. Tut er das nicht oder prüft er falsch, kann dies mit der Berufung angegriffen werden.

Stellen Sie sich vor, gegen Ihren Mandanten existiert bereits ein Titel, gegen den Sie noch mit bestimmten Rechtsbehelfen vorgehen. An welchen Antrag sollten sie unbedingt denken?

- An den Antrag auf vorläufige Einstellung der Zwangsvollstreckung nach §§ 707, 719, 769 ZPO.

13. Teil. Beliebte Fragen aus dem Strafrecht

Instanzenzug und Zuständigkeit der Gerichte im Strafprozess:

Amtsgericht,
§§ 24 ff. GVG:

1. Strafrichter,
§§ 24, 25 GVG
→ Besetzung: Ein Berufsrichter als Einzelrichter.
Für Vergehen mit einer Straferwartung bis zwei Jahren oder für Privatklagedelikte.

2. Schöffengericht,
§§ 24, 28, 29 GVG
→ Besetzung: Berufsrichter und zwei Schöffen.
Vergehen mit einer Straferwartung von zwei bis vier Jahren, Verbrechen mit einer Straferwartung bis vier Jahren.

3. Erweitertes Schöffengericht, § 29 II GVG
→ Besetzung: Zwei Berufsrichter und zwei Schöffen, wenn die zu verhandelnde Sache von besonderem Umfang ist.

↓ Berufung

Landgericht,
§§ 73, 74 III, 76 I GVG
(kleine Strafkammer)
→ Besetzung: Ein Berufsrichter und zwei Schöffen.
Zuständig für Berufungen gegen Urteile des Strafrichters und des Schöffengerichts und Beschwerden gegen Entscheidungen des AG.

↓ Revision

Oberlandesgericht,
§§ 121, 122 GVG:
→ Besetzung: Grds. drei Berufsrichter.
Zuständig für Revision nach § 333 StPO und Sprungrevision nach § 335 StPO gegen Urteile des AG und des LG.

Landgericht,
§§ 73, 74 I GVG:
Zuständig für alle Strafsachen, sofern nicht das AG (§ 24 GVG) oder das OLG (§ 120 GVG) zuständig sind vgl. § 74 I GVG.

Große Strafkammer, § 74 I GVG:
→ Besetzung: Grds. drei Berufsrichter und zwei Schöffen.

Verbrechen und Vergehen, wenn zu erwarten ist, dass die verhängte Strafe vier Jahre übersteigen wird.

zB als Schwurgericht:
→ Besetzung: Drei Berufsrichter und zwei Schöffen.

Bei Katalogtaten des § 74 II GVG (Mord, Totschlag etc.)

(Nur in den praktisch unbedeutenden Fällen des § 121 I Nr. 1 lit. c) GVG) → Oberlandesgericht, §§ 121, 122 GVG

↓ Revision

Oberlandesgericht,
§§ 120 f. GVG:
→ Besetzung: Grds. fünf Berufsrichter.
In erster Instanz zuständig für die in § 120 II GVG genannten Delikte (Friedensverrat, Hochverrat, Landesverrat etc.) und wenn der Generalbundesanwalt involviert ist, § 120 II GVG.

↓ Revision

Bundesgerichtshof,
§§ 135, 139 GVG:
→ Besetzung: Fünf Berufsrichter.

Zuständig für Revisionen gegen Urteile des LG und des OLG.

Wonach bestimmt sich, vor welchem Gericht angeklagt wird?

▶ Nach der Straferwartung, der Strafgewalt und bei Katalogtaten nach der gesetzlichen Anordnung.

Wo würden Sie einen einfachen Raub anklagen?

▶ In der Regel beim Amtsgericht – Schöffengericht –, § 28 GVG. Schließlich handelt es sich beim Raub um ein Verbrechen, das mit einer Freiheitsstrafe nicht unter einem Jahr zu bestrafen ist und bei dem eine Straferwartung von über vier Jahren selten in Betracht kommt.

Tipp: Solche Fragen werden häufig auch aus der anderen Perspektive gestellt: »Zu Ihnen als Rechtsanwalt kommt der A. Er wurde vor sechs Tagen wegen Raubes verurteilt. Von welchem Gericht stammt das Urteil?«

Wofür ist das

a) Amtsgericht – Strafrichter
b) Amtsgericht – Schöffengericht
c) Landgericht – große Strafkammer
d) Landgericht – Schwurgericht
e) Landgericht – kleine Strafkammer

zuständig?

▶ a) **Amtsgericht – Strafrichter, § 25 GVG:** Für Vergehen mit einer Straferwartung bis zwei Jahren oder für Privatklagedelikte. Beim Amtsgericht – Strafrichter sollen nur solche Delikte angeklagt werden, bei denen eine Verurteilung von mehr als zwei Jahren nicht zu erwarten ist. Gleichwohl kann auch der Strafrichter vier Jahre verhängen, er hat also eine Strafgewalt von vier Jahren.

b) **Amtsgericht – Schöffengericht, § 28 GVG:** Vergehen mit einer Straferwartung von zwei bis vier Jahren, Verbrechen bis vier Jahre Straferwartung.

c) **Landgericht – große Strafkammer, § 74 I GVG:** Verbrechen, wenn zu erwarten ist, dass die verhängte Strafe vier Jahre übersteigen wird.

d) **Landgericht – Schwurgericht, § 74 II GVG:** Bei Katalogtaten des § 74 II GVG.

e) **Landgericht – kleine Strafkammer, § 74 III GVG:** Berufung gegen die Urteile des Strafrichters und des Schöffengerichts.

Wie ist ein Schöffengericht besetzt?

▶ In der Regel mit einem Richter am Amtsgericht als Vorsitzenden und zwei Schöffen. Wenn allerdings die zu verhandelnde Sache von besonderem Umfang ist, kann ein weiterer Berufsrichter hinzugezogen werden (§ 29 II GVG). Das nennt sich dann erweitertes Schöffengericht (§ 76 VI GVG).

Was meinen sie, was war die Idee, Schöffen an Gerichtsverfahren zu beteiligen?

▶ Durch die Beteiligung von Nichtjuristen an der Rechtsprechung sollte der Einfluss der Obrigkeit verringert werden. Die Schöffen sollten ein vom rein juristischen Denken unabhängiges Verständnis mit in die Urteilsfindung einfließen lassen.

Gab es auch in Deutschland einmal Geschworene?

▶ Ja, bis zum Jahre 1924 (»Emminger-Verordnung«, nach dem damaligen Justizminister Emminger benannt), war in der StPO ein echtes Geschworenengericht vorgesehen. Dieses »alte« Schwurgericht setzte sich aus drei Berufsrichtern und zwölf Geschworenen zusammen.
Nach dem Schluss der Beweisaufnahme wurden den Geschworenen die von den Richtern schriftlich formulierten Schuldfragen vorgelegt, die mit Ja oder Nein zu beantworten waren. Über diese konnten die Geschworenen allein entscheiden, ohne Mitwirkung der Richter. Die Berufsrichter waren nur für die Verhandlungsleitung und die abschließende Strafzumessung zuständig.
In den Jahren 1924–1974 bestand das Schwurgericht dann aus drei Berufsrichtern und sechs Schöffen, die nach Art der Schöffengerichte über die Schuld- und Straffrage gemeinsam entschieden.
Seit 1975 existiert das Schwurgericht als solches nur noch in der Hauptverhandlung, wo es wie die große Strafkammer besetzt ist, also mit drei Berufsrichtern und zwei Schöffen, § 76 I GVG.

Was denken Sie, wie trifft das Gericht eine Entscheidung, wenn Schöffen beteiligt sind?

▶ Nach § 196 GVG entscheidet das Gericht mit der absoluten Mehrheit der Stimmen. Dies gilt jedoch nur, wenn nichts anderes bestimmt ist. In Strafverfahren ist allerdings etwas anderes bestimmt. Es gilt § 263 I StPO: Zu jeder dem Angeklagten nachteiligen Entscheidung über die Schuldfrage und die Rechtsfolgen der Tat ist eine Mehrheit von zwei Dritteln der Stimmen notwendig.

Wichtige Definitionen des materiellen Strafrechts:

Die Prüfungsprotokolle zeigen, dass viele Strafrecht-Prüfer eine Vorliebe für Vermögensdelikte haben. Auch Urkundendelikte stehen auf der Prüfungshitliste ganz oben. Sie sollten daher die möglichen Varianten dieser Delikte mehrfach durchspielen und abrufen können.

> **Beispiel:** Student S will seiner Freundin ihr teures Lieblingsparfüm im Wert von 85 EUR kaufen, kann es sich aber nicht leisten.
> a) Er entfernt das Etikett eines 20 EUR Parfüms und klebt es auf die teure Parfümflasche.
> b) Er reißt den elektronischen Sicherheitsstreifen der Parfümflasche ab und
>   aa) legt es unter seine Einkaufstasche und geht durch die Kasse
>   bb) steckt es in seine Jacke
> etc.

Bei den Vermögensdelikten sollten Sie auch die Kaufhaus- und Geldautomaten-/EC-Karten-Fälle in den unterschiedlichsten Variationen lernen. Für Ihre mündliche Prüfung sollten Sie daher nicht nur die entsprechenden Kapitel bei *Kaiser/Holleck/Hadeler*, Materielles Strafrecht, 2. Aufl. 2014, Rn. 74 ff., 178 ff. wiederholen, sondern auch die essentiellen Definitionen[17] der absoluten Standards (!) auswendig können. Diese müssen Sie unbedingt im Schlaf beherrschen, weil sie von den Prüfern als Grundlagen vorausgesetzt werden:

17 *Fahl/Winkler*, Definitionen und Schemata Strafrecht, 6. Aufl. 2015; *Krüger*, Definitionen Strafrecht, 5. Aufl. 2014; *Nomos*, Taschendefinitionen, 3. Aufl. 2016.

Diebstahl, § 242 StGB

I. Objektiver Tatbestand:
- Wegnahme: Bruch fremden und Begründung neuen – nicht zwingend tätereigenen – Gewahrsams.
- Gewahrsam: die von einem natürlichen Herrschaftswillen getragene Sachherrschaft einer Person über eine Sache, die sich nach den jeweiligen Umständen des Einzelfalls, der jeweiligen Verkehrsauffassung und der Anschauung des täglichen Lebens bemisst.
- Gewahrsamsbruch: liegt vor, wenn die tatsächliche Sachherrschaft des bisherigen Gewahrsamsinhabers ohne oder gegen seinen Willen tatsächlich aufgehoben wird.

II. Subjektiver Tatbestand:
Zueignungsabsicht: liegt vor, wenn sich der Täter die Sache selbst oder den in ihr verkörperten Sachwert dem eigenen Vermögen oder dem eines Dritten wenigstens vorübergehend zur eigenen Verfügung einverleiben will (= Aneignungskomponente) und den berechtigten Eigentümer dauerhaft aus seiner bisherigen Herrschaftsposition verdrängen will (= Enteignungskomponente). Der Täter muss die Aneignung in Form von dolus directus 1. Grades beabsichtigen, während für die Enteignung zumindest Eventualvorsatz erforderlich ist.

Worin unterscheidet sich der strafrechtliche Gewahrsam vom zivilrechtlichen Besitz?

▶ Beide Begriffe sind überwiegend deckungsgleich. Sie unterscheiden sich aber im Wesentlichen bei dem mittelbaren Besitz und der Besitzdienerschaft. So hat der mittelbare Besitzer nach § 868 BGB und der fiktive Erbenbesitzer nach § 857 BGB zwar Besitz, nicht aber den Gewahrsam an der Sache. Der Besitzdiener hingegen hat zwar keinen Besitz an der Sache, wohl aber untergeordneten Gewahrsam.

Was ist der Unterscheid zwischen einem Einverständnis und einer Einwilligung?

Das tatbestandsausschließende Einverständnis ...	Die rechtfertigende Einwilligung ...
• knüpft an ein objektives Tatbestandsmerkmal an, das ein Handeln ohne oder gegen den Willen des Rechtsgutsinhabers erfordert (zB das widerrechtliche Eindringen bei dem Hausfriedensbruch nach § 123 StGB)	• knüpft nicht an ein Tatbestandsmerkmal an, das ein Handeln ohne oder gegen den Willen des Rechtsgutsinhabers erfordert, sondern ist ein Rechtfertigungsgrund
• muss bei Beginn der Ausführungshandlung vorliegen	• muss vor Beginn der Ausführungshandlung erklärt worden sein
• muss weder ausdrücklich noch konkludent erklärt werden	• muss ausdrücklich oder konkludent erklärt werden
• ist unabhängig von sittlichen Mängeln (zB § 138 BGB) und Irrtümern	• kann nur durch einen mit Verfügungsmacht über das Rechtsgut und mit ausreichender Urteils- und Einsichtsfähigkeit ausgestatteten Erklärenden erfolgen. Rechtsgutbezogene Irrtümer schaden.

Wann ist jemand auf frischer Tat betroffen iSd § 252 StGB?

▶ Auf frischer Tat betroffen ist der Täter, der in der Nähe des Tatorts und spätestens alsbald nach der Tatausführung wahrgenommen wird. Betroffen ist der Täter immer dann, wenn er am Tatort wahrgenommen wird, also durch Sehen oder Hören bemerkt worden ist. Dies kann auch schon vor Vollendung der Vortat geschehen. Nach Ansicht der Rechtsprechung kann das selbst dann der Fall sein, wenn der Täter seiner Entdeckung durch einen Angriff zuvorkommt.

Was ist eine Besitzerhaltungsabsicht/Beutesicherungsabsicht?

- Besitzerhaltungsabsicht/Beutesicherungsabsicht ist die Absicht (im Sinnes eines zielgerichteten Wollens), eine bevorstehende, nicht jedoch nicht notwendig nach der Vorstellung des Täters schon gegenwärtige oder unmittelbar drohende Gewahrsamsentziehung zugunsten des Bestohlenen zu verhindern. Die Gewaltanwendung oder Drohung des Täters muss also zum Ziel haben, sich den Besitz des gestohlenen Gutes zu erhalten.

Wie definieren sie das Mordmerkmal der Heimtücke?

- Heimtückisch handelt, wer die Arg- und Wehrlosigkeit des Opfers bewusst zur Tötung ausnutzt. Nach Ansicht der Rechtsprechung muss eine feindliche Willensrichtung hinzutreten.

Wann ist denn jemand arglos/wehrlos?

- Arglos ist, wer sich zum Zeitpunkt der Tat keines Angriffs auf sein Leben oder seine körperliche Unversehrtheit versieht.
  Wehrlos ist, wer zum Zeitpunkt der Tat aufgrund seiner Arglosigkeit in seiner Verteidigungsbereitschaft erheblich eingeschränkt ist.

Was sind niedrige Beweggründe?

- Das sind solche Motive, die sittlich auf tiefster Stufe stehen.

Wie werden Raub und räuberische Erpressung voneinander abgegrenzt?

> **Tipp:** Man kann es nicht oft genug wiederholen. Diese Streitigkeit muss unbedingt im Schlaf beherrscht werden. Sie zieht sich wie ein roter Faden durch das Studium und (mit deutlichem Schwerpunkt auf die Ansicht des BGH) auch durch das Referendariat. Vor allem Praktiker reagieren allergisch, wenn Sie bei diesem Problem ins Stottern kommen.

- Hier noch einmal in Kurzform:
  Nach der Literatur ist für die Erpressungstatbestände der §§ 253, 255 StGB – entsprechend dem § 263 StGB als Selbstschädigungsdelikt – eine Vermögensverfügung notwendig, die sich durch irgendein Tun, Dulden oder Unterlassen unmittelbar vermögensmindernd auswirken muss. Dem liegt die Annahme zugrunde, dass die Erpressungstatbestände (wie auch der Betrug) eine unmittelbare Selbstschädigung voraussetzen und somit von den §§ 242, 249 StGB als Delikten unmittelbarer Fremdschädigung abzugrenzen seien. Raub und räuberische Erpressung würden sich damit gegenseitig ausschließen. Für die Abgrenzung zwischen Raub und räuberischer Erpressung sei wegen des Erfordernisses einer bewussten (Sach-)Verfügung daher auf die innere Willensentschließung des Opfers abzustellen. Entscheidend für die Annahme eines Raubes sei danach, ob das Opfer davon ausgeht, der Verlust der Vermögensposition erfolge auch ohne dessen Mitwirkung. Demgegenüber sei eine räuberische Erpressung dann gegeben, wenn das Opfer die Schädigungen als von seinem eigenen Verhalten abhängig ansieht – als Ausdruck einer Verfügung.

Demgegenüber verlangt die ständige Rechtsprechung für die Erpressungstatbestände der §§ 253, 255 StGB keine Vermögensverfügung. Vielmehr sei der Raub gegenüber der räuberischen Erpressung der speziellere Straftatbestand. Jedes Handeln, Dulden oder Unterlassen könne ebenfalls tatbestandsmäßige Opferreaktion sein. Wer daher mit Raubmitteln einen Diebstahl begehe (§ 249 StGB), zwinge das Opfer stets gleichzeitig zur Duldung der Wegnahme (§ 255 StGB). Danach liegt in jedem Raub auch zugleich eine diesem als Grundtatbestand nachgehende räuberische Erpressung. Die Unterscheidung zwischen beiden Delikten habe lediglich aufgrund des äußeren Erscheinungsbildes zu erfolgen. Wer äußerlich etwas nehme, sei Räuber, wer sich hingegen äußerlich etwas geben lasse, sei räuberischer Erpresser.

Tipp: Vertiefend dazu *Kaiser/Holleck/Hadeler*, Materielles Strafrecht im Assessorexamen, 2. Aufl. 2014, Rn. 123.

Was versteht man unter einem Unfall iSd § 142 StGB?

- Ein Unfall ist jedes plötzlich auftretende Ereignis im Straßenverkehr, das mit den Gefahren des Straßenverkehrs zusammenhängt und zu einem nicht nur völlig belanglosen Personen- oder Sachschaden führt.

Wann liegt ein Versuch vor?

- Ein Versuch einer Straftat liegt nach dem Wortlaut des § 22 StGB vor, wenn
  - der Täter nach seiner Vorstellung von der Tat (sog. Tatentschluss),
  - zur Verwirklichung des Tatbestandes unmittelbar ansetzt.

Und wann hat der Täter unmittelbar angesetzt?

- Nach dem BGH hat der Täter dann unmittelbar angesetzt, wenn seine Handlung nach seinem Tatplan so eng mit der tatbestandlichen Ausführungshandlung verknüpft ist, dass der Tatbestandsverwirklichung bei ungestörtem Fortgang nichts mehr im Wege steht (sog. Subjektiv-objektive Theorie). Danach setzt unmittelbar zur Tatbestandsverwirklichung an, wer subjektiv die Schwelle zum »Jetzt geht's los« überschritten hat und objektiv zur Tatbestandsverwirklichung übergeht. Unproblematisch liegt ein unmittelbares Ansetzen im Fall der Teilverwirklichung vor.

Was ist der Unterschied zwischen einer aberratio ictus und einem error in persona? Bilden Sie bitte ein Beispiel und erklären Sie, wie es rechtlich zu werten ist.

- Als aberratio ictus wird das Fehlgehen einer Tat bezeichnet. Dabei verfehlt der Angriff das konkret anvisierte Objekt, sodass der Taterfolg nicht bei diesem, sondern bei einem anderen Tatobjekt eintritt.

> **Beispiel:** Der Täter zielt und schießt mit Tötungsabsicht auf seinen verhassten Nachbarn. Die Kugel trifft jedoch den in diesem Moment dazwischen laufenden Bruder des Nachbarn tödlich.

In solchen Fällen fehlt es nach ständiger Rechtsprechung hinsichtlich des getroffenen Objekts (Bruder des Nachbarn) am Vorsatz (wenn nicht diesbezüglich zumindest ein bedingter alternativer Vorsatz vorliegt). Als Rechtsfolge kommt aber ein Versuch hinsichtlich des konkret anvisierten aber verfehlten Objekts (Nachbar) und eine Strafbarkeit wegen fahrlässiger Begehung hinsichtlich des tatsächlich getroffenen Objekts (Bruder) in Betracht, sofern diesbezüglich ein Fahrlässigkeitstatbestand existiert.

Beim error in persona visiert der Täter ein Opfer an, welches aber – seiner Identität nach – nicht seinen Vorstellungen entspricht.

> **Beispiel:** Der Täter schießt auf den Bruder seines Nachbarn. Dabei denkt er, es handele sich in Wirklichkeit um den von ihm verhassten Nachbarn selbst. Das Opfer stirbt.

Die rechtliche Behandlung hängt davon ab, ob das vom Täter vorgestellte und das vom Täter anvisierte Objekt tatbestandlich gleichwertig sind. Ist das – wie hier – der Fall, liegt eine vorsätzliche Tat vor, da die Objektverwechslung für den irrenden Täter unter dem Blickwinkel des verletzten Rechtsguts ohne Bedeutung ist. Es handelt sich um einen unbeachtlichen Motivirrtum. Anders verhält es sich, wenn die Objekte nicht gleichwertig sind (zB Täter schießt auf ein Wildschwein, denkt aber, er schießt auf den Nachbarn). In diesem Fall scheidet eine vorsätzliche Begehungsweise nach § 16 I 1 StGB aus.
Error in persona und aberratio ictus stellen Abweichungen vom vorgestellten Kausalverlauf dar und sind unter diesem Punkt zu prüfen.

Worin unterscheidet sich ein untauglicher Versuch von einem Wahndelikt?

▶ Als untauglicher Versuch wird der Versuch einer Straftat bezeichnet, der von vornherein zum Scheitern verurteilt ist, weil sich der Täter entweder über die Tauglichkeit des Tatmittels (»Mordversuch mit drei Kopfschmerztabletten«), über die Tauglichkeit des Tatobjekts (»Mord an einer bereits toten Person«) oder über die Tauglichkeit des Tatsubjekts (»Täter hält sich für einen Amtsträger und begeht eine Straftat, obwohl seine Ernennung offensichtlich unwirksam ist«) irrt, vgl. § 23 III StGB.
Das Wahndelikt ist das Spiegelbild des Verbotsirrtums. Hier wird der »Täter« kreativ und »erfindet« einen Straftatbestand, den es überhaupt nicht gibt.
Praktisch ist eine Verwechslung ausgeschlossen, da sich beim Wahndelikt schon keine Norm bzw. kein entsprechendes Tatbestandsmerkmal für den Obersatz findet.

Ist eine fahrlässige Sachbeschädigung strafbar?

▶ (Achtung Fangfrage!)
Die Sachbeschädigung nach § 303 StGB kann nur vorsätzlich begangen werden. Allerdings ist eine fahrlässige Brandstiftung nach § 306d iVm § 306 I StGB möglich. Diese gehört ebenfalls zur Gruppe der Sachbeschädigungsdelikte. Dasselbe gilt für § 308 V StGB.

Welche Verfahrensgrundsätze des Strafverfahrens kennen sie? Was bedeuten diese im Einzelnen? Wo sind sie normiert?

▶ **Akkusationsprinzip/Anklagegrundsatz:** Die Strafverfolgung und die Urteilsfindung obliegen zwei voneinander unabhängigen Rechtspflegeorganen: der Staatsanwaltschaft und dem Gericht. Normiert ist das Akkusationsprinzip in § 151 StPO.
Offizialprinzip: Nur die Staatsanwaltschaft kann eine öffentliche Anklage erheben, sie hat das Anklagemonopol. Normiert ist das Offizialprinzip in § 152 I StPO. Eingeschränkt wird das Offizialprinzip zB bei den Antragsdelikten: wenn kein Strafantrag oder keine Ermächtigung vorliegt, ist das Verfahren einzustellen. Eine weitere Ausnahme dieses Prinzips ist das Privatklageverfahren nach den §§ 374 ff. StPO, bei denen das Opfer ohne Mitwirkung der Staatsanwaltschaft die Strafverfolgung betreiben kann.

Hinweis: Das Gegenteil des Offizialprinzips ist die Dispositionsmaxime, die im Zivilrecht vorherrscht: Danach ist der Bürger selbst für die Einleitung und das Betreiben des Prozesses verantwortlich.

Legalitätsprinzip: Wenn ein Anfangsverdacht für eine Straftat besteht, muss die Strafverfolgungsbehörde ein Ermittlungsverfahren einleiten. Wenn eine überwiegende Wahrscheinlichkeit für eine spätere Verurteilung des Beschuldigten besteht, also ein hinreichender Tatverdacht vorliegt, muss sie auch Anklage erheben. Das Legalitätsprinzip wird rechtlich durch den Straftatbestand der Strafvereitelung im Amt nach § 258a StGB und durch die Möglichkeit einer Vorschaltbeschwerde nach § 172 I 1 StPO bzw. durch das Klageerzwingungsverfahren nach § 172 II 1 StPO abgesichert. Normiert ist das Legalitätsprinzip in § 152 II StPO.

Hinweis: Das Gegenteil des Legalitätsprinzips ist das Opportunitätsprinzip, das etwa im Bereich des Strafrechts bei 153 ff. StPO gilt. (Lesen!) Es handelt sich dabei um einen Unterfall der Ermessensentscheidung und gilt grundsätzlich solange nicht eine gesetzliche Regelung etwas anderes normiert. Es besagt, dass ein Handeln in bestimmten Fällen dem pflichtgemäßen Ermessen der jeweiligen Behörde überlassen ist.

Untersuchungsgrundsatz: Die Strafverfolgungsbehörden und die Strafgerichte sind von Gesetzes wegen gehalten, den Sachverhalt von Amts wegen zu erforschen und aufzuklären, §§ 160 II (Staatsanwaltschaft), 244 II StPO (Gericht).

Hinweis: Das Gegenteil des Untersuchungsgrundsatzes ist der im Zivilprozess geltende Verhandlungsgrundsatz. Danach sind nur die von den Parteien unterbreiteten Tatsachen entscheidungserheblich.

In dubio pro reo: Ein Angeklagter darf nicht verurteilt werden, wenn am Ende der Beweisaufnahme noch vernünftige Zweifel an seiner Schuld bestehen. Er ist demnach keine Regelung zur Würdigung der Beweise, sondern kommt immer erst nach Abschluss der Beweiswürdigung zur Anwendung. Der Grundsatz wird aus Art. 103 II GG, Art. 6 II EMRK und aus § 261 StPO abgeleitet. Er ist dann verletzt, wenn sich aus dem Urteil selbst ergibt, dass das Gericht Zweifel an der Schuld des Angeklagten hatte. Der Zweifelssatz gilt grundsätzlich nicht bei Rechtsfragen und bei der Gesetzesauslegung. Auch bei der Entscheidung über Verfahrensrügen ist er nicht anwendbar. Verfahrensverstöße müssen nachgewiesen sein. Der Zweifelssatz bezieht sich aber auf die Feststellung aller materiellrechtlich erheblichen Tatsachen, die für die Schuld- und Straffrage relevant sind (Tatbestand, Rechtswidrigkeit, Schuld, objektive Strafbarkeitsbedingungen, Strafaufhebungs- und Strafausschließungsgründe sowie die Strafzumessung). Ob der Zweifelssatz auch bei den Prozessvoraussetzungen und -hindernissen angewendet wird (zB wenn es nicht eindeutig festgestellt werden kann, ob eine Tat verjährt ist), ist im Einzelnen streitig. Der BGH wendet den Zweifelssatz bei den Prozessvoraussetzungen bzw. -hindernissen nicht einheitlich an, sondern betont, dass dies für die einzelnen Prozessvoraussetzungen und -hindernisse gesondert entschieden werden muss.

Unmittelbarkeitsgrundsatz/Mündlichkeitsgrundsatz: Dieser Grundsatz besagt, dass das Gericht alle Beweise selbst erheben muss und diese grundsätzlich nicht durch Surrogate ersetzen darf, § 250 StPO. Zeugen etwa sind danach persönlich zu vernehmen; die Vernehmungsprotokolle über eine frühere Vernehmung dürfen danach nicht ohne Weiteres verlesen und als Urkunde nach § 249 StPO in den Prozess eingeführt werden. Es gilt insofern grundsätzlich ein Vorrang des Personal- vor dem Urkundsbeweis. Die §§ 251 ff. StPO enthalten allerdings wichtige Ausnahmen von diesem Grundsatz.

Beschleunigungsgrundsatz: Der Beschleunigungsgrundsatz besagt, dass ein Verfahren so zügig wie möglich durchgeführt werden muss. Er ist in Art. 6 I 1 EMRK normiert. In seiner strafprozessualen Ausprägung muss etwa eine erhobene Anklage innerhalb einer angemessenen Frist verhandelt werden. Zudem muss ein strafrechtliches Verfahren wegen des damit verbundenen Eingriffs in Freiheitsrechte insgesamt zügig ablaufen. So nehmen mit der Dauer der Untersuchungshaft die Anforderungen an die staatlichen Organe zu, die Arbeit in einer Haftsache zügig vorzunehmen. Ausdruck der Beschleunigungsmaxime sind etwa die §§ 229 und 121 StPO sowie die Rechtsprechung zur Strafzumessung bei überlanger Verfahrensdauer.

Öffentlichkeitsgrundsatz: Dem Öffentlichkeitsgrundsatz, der auch im Zivil- und Verwaltungsprozess gilt, kommt im Strafprozess eine große Bedeutung zu. Er ist in § 169 GVG normiert. Er besagt, dass grundsätzlich jedermann jederzeit Zugang zu öffentlichen Gerichtsverhandlungen haben muss. Durchbrechungen dieses Grundsatzes finden sich in §§ 169 S. 2, 170 ff. GVG und im Jugendstrafrecht in § 48 I JGG. Der Grundsatz gilt allerdings nicht uneingeschränkt. Der BGH hat sich wiederholt geäußert, dass eine ungestörte Verhandlung aber ebenso wichtig sein kann wie die Kontrolle des Verfahrens durch die Allgemeinheit. Eine Verletzung des Öffentlichkeitsgrundsatzes stellt nach § 338 Nr. 6 StPO einen absoluten Revisionsgrund dar.

Wie wird man Schöffe?

▶ § 36 GVG:
Die Gemeinden stellen alle fünf Jahre eine Vorschlagsliste für Schöffen auf. Für die Aufnahme in die Liste müssen zwei Drittel der anwesenden Mitglieder der Gemeindevertretung, mindestens jedoch die Hälfte der gesetzlichen Zahl der Mitglieder der Gemeindevertretung zustimmen. Die Vorschlagsliste soll alle Gruppen der Bevölkerung nach Geschlecht, Alter, Beruf und sozialer Stellung angemessen berücksichtigen. Die Vorschlagsliste ist in der Gemeinde eine Woche lang zur Einsicht aufzulegen, wobei der Zeitpunkt der Auslegung vorher öffentlich bekannt gemacht werden muss. Aus dieser Vorschlagsliste werden durch einen Ausschuss, dessen Zusammensetzung in § 40 GVG geregelt ist, die Schöffen gewählt.

Tipp: Um sich einen groben Überblick über das Verfahren und die Voraussetzungen für das Schöffenamt zu verschaffen, sollten Sie sich die §§ 30 ff. GVG und § 44 DRiG vor der mündlichen Prüfung einmal durchlesen. Auf der Internetseite des Justizministeriums des Landes Baden-Württemberg gibt es einen Leitfaden für Schöffen. Insbesondere das kurze Merkblatt am Ende des Dokuments sollten Sie mal studieren.

!

Ist das Schöffenamt verfassungsrechtlich legitimiert?

▶ Ja, über Art. 20 II GG. Dort heißt es: »Alle Staatsgewalt geht vom Volke aus. Sie wird vom Volke in Wahlen und Abstimmungen und durch besondere Organe der Rechtsprechung, der vollziehenden Gewalt und der Rechtsprechung ausgeübt.« Der Schöffe übt als Teil des Volkes also einen Teil der Staatsgewalt aus.

Welche Arten von Schöffen kennen Sie?

▶ Hauptschöffen, Hilfsschöffen und Ergänzungsschöffen.

Was sind

a) Hauptschöffen?

b) Hilfsschöffen?

c) Ergänzungsschöffen?

▶ a) Wenn das Gesetz von Schöffen spricht, sind in der Regel die Hauptschöffen gemeint. Ihnen werden vor Beginn eines jeden Geschäftsjahres die Verhandlungstermine (meist zwölf) für das ganze Jahr mitgeteilt.
b) Hilfsschöffen werden in die Entscheidung einbezogen, wenn ein Hauptschöffe mitteilt, dass er nicht an der Verhandlung teilnehmen kann. Er hat dieselben Rechte wie ein Hauptschöffe.
c) Ergänzungsschöffen werden bei umfangreichen Prozessen (vorbeugend) hinzugezogen. Sie sollen einspringen, falls ein Hauptschöffe ausfällt. Zu diesem Zweck muss der Ergänzungsschöffe allerdings während des gesamten Prozesses anwesend sein, um den gesamten Prozessablauf zu kennen und zur Not die Rolle des Hauptschöffen einzunehmen. Der Ergänzungsschöffe nimmt allerdings in seiner Funktion als Ergänzungsschöffe nicht an den Beratungen des Gerichts teil.

Wie kann ein staatsanwaltliches Ermittlungsverfahren in Gang gesetzt werden?

▶ Indem der Staatsanwalt durch eine (Straf-)Anzeige, einen Strafantrag (§ 158 I, II StPO) oder »auf anderem Wege« Kenntnis von dem Verdacht einer Straftat erhält.

Was heißt denn »auf anderem Wege«?

▶ Wie die Staatsanwaltschaft von dem Verdacht einer Straftat Kenntnis erhält, ist rechtlich ohne Bedeutung. Möglich ist etwa eine Kenntnisnahme aus Akten oder Schriftstücken anderer Behörden (wenn sich zB eine zivilrechtliche Akte »rot färbt« und an die Staatsanwaltschaft abgegeben wird), durch die Anzeige von Polizeibeamten nach § 163 StPO oder aus Presse, Rundfunk oder Fernsehen.
Fragen im Zusammenhang mit dem Ermittlungsverfahren tauchen in der mündlichen Prüfung sehr häufig auf (»Ab wann hat der Verteidiger ein Recht auf Akteneinsicht?«; »Was gibt es für Einstellungsgründe?« etc.). Um Sie auch auf diese Fragen vorzubereiten, möchten wir Ihnen im Folgenden den Ablauf des Ermittlungsverfahrens in komprimierter Form darstellen.

1. **Einleitung des Ermittlungsverfahrens**
Im Ermittlungsverfahren soll festgestellt werden, ob gegen den Beschuldigten ein zur Eröffnung des Hauptverfahrens hinreichender Tatverdacht besteht, also ein Verdacht, der eine spätere Verurteilung überwiegend wahrscheinlich macht. Es wird eingeleitet, wenn zureichende tatsächliche Anhaltspunkte vorliegen (Anfangsverdacht), § 152 II StPO. Diese Kenntnis kann die Staatsanwaltschaft etwa durch Strafanzeige, Strafantrag oder »auf anderem Wege« erhalten, § 160 I StPO. Zur Einleitung des Ermittlungsverfahrens ist keine besondere Einleitungsverfügung nötig. Vielmehr genügt jede Maßnahme der Polizei oder der Staatsanwaltschaft (oder der Finanzbehörde bei Steuerstraftaten), die erkennbar darauf abzielt, gegen eine oder mehrere Personen wegen des Verdachts einer Straftat vorzugehen. Möglich ist daher eine konkludente Einleitung durch die

Besichtigung des Tatorts oder durch erste Beweiserhebungen. Solange sich die Ermittlungen noch nicht auf eine bestimmte Person gerichtet haben, sind sie »gegen Unbekannt« gerichtet und werden bei der Staatsanwaltschaft unter dem Registerzeichen »UJs« geführt. Sobald sich der Verdacht auf eine oder mehrere bestimmte Personen bezieht, richtet die Strafverfolgungsbehörde die Ermittlungen gegen diese Person(en) und macht sie damit zu Beschuldigten. Dies hat zur Folge, dass das Verfahren nunmehr unter dem Registerzeichen für Ermittlungsverfahren »Js« geführt wird.

2. **Durchführung des Ermittlungsverfahrens/Umfang der Ermittlungen**
Die Staatsanwaltschaft hat alle be- und entlastenden Umstände zu ermitteln und dafür zu sorgen, dass keine Beweise verloren gehen, § 160 II StPO. Be- und entlastende Umstände werden ermittelt, indem sie Beweise erhebt, also etwa Zeugen vernimmt oder Spuren sichert. Ob sie das selbst macht, die Beweise durch die Behörden und Beamten des Polizeidienstes als ihre Ermittlungspersonen (§§ 163 StPO, 152 GVG) erheben lässt oder bei dem zuständigen Ermittlungsrichter einen Antrag auf Vornahme einer richterlichen Untersuchungshandlung stellt (§ 162 StPO), hängt von der Art des Beweismittels und dem Grund des befürchteten Verlusts des Beweismittels ab. Eine Vernehmung durch den Untersuchungsrichter bietet sich etwa an, wenn damit zu rechnen ist, dass ein Zeuge bei einer möglichen Hauptverhandlung (etwa wegen einer schweren Erkrankung) nicht mehr zur Verfügung stehen könnte. Dann kann dessen Aussage ggf. nach § 251 II StPO verlesen werden. Eine richterliche Vernehmung bietet sich auch an, wenn zu befürchten ist, dass ein Zeuge in einer späteren Hauptverhandlung voraussichtlich nicht mehr wahrheitsgemäß aussagen wird oder von seinem Zeugnisverweigerungsrecht Gebrauch machen wird. Dann darf zwar dessen frühere Aussage nach § 252 StPO nicht verlesen werden. Wenn der Untersuchungsrichter den Zeugen aber vor der Vernehmung über sein Zeugnisverweigerungsrecht belehrt hat, kann der Untersuchungsrichter selbst über die ihm gegenüber gemachte Aussage vernommen werden, falls der Grund für die Zeugnisverweigerung des Zeugen auch schon bei seiner ersten Vernehmung bestanden hat. Ein zentraler Teil der Ermittlungen ist die Vernehmung des Beschuldigten. Er muss spätestens zu Beginn seiner Vernehmung zur Sache, die grundsätzlich bis zum Abschluss der Ermittlungen erfolgt, Gelegenheit bekommen, die gegen ihn erhobenen Verdachtsgründe auszuräumen, §§ 163a I, IV, 136 I, II StPO.
Wenn ein Zeuge, Sachverständiger oder Beschuldigter nicht bereit ist, vor der Polizei zu erscheinen und auszusagen, kann der Staatsanwalt diese Personen vorladen lassen. Dann sind sie nach § 161a I, III StPO verpflichtet, dem Folge zu leisten. Der Beschuldigte muss dabei über sein Schweigerecht belehrt werden, § 163a III und IV iVm § 136 I 2 StPO.
Im Ermittlungsverfahren sind eine Vielzahl von strafprozessualen Zwangsmaßnahmen möglich, die sich in der Regel gegen den Beschuldigten richten. Sie haben aber keinen Strafcharakter, sondern sollen nur das Verfahrensziel sichern. Da sie regelmäßig in die Grundrechte des Beschuldigten eingreifen, brauchen sie nach den Gesetzesvorbehalten (etwa Art. 2 II 3 GG) eine gesetzliche Grundlage.
Sie sollten sich die folgenden Normen einmal in aller Ruhe durchlesen, damit Sie ein Gefühl für mögliche Zwangsmaßnahmen im Ermittlungsverfahren bekommen.

Eingeschränktes Grundrecht	Zwangsmaßnahme
Art. 2 II 2 GG (allgemeine Handlungsfreiheit)	• Identitätsfeststellung, § 163b StPO • Festhalten zur Identitätsfeststellung, § 163c StPO • Vorläufige Festnahme, §§ 127, 111 StPO • Unterbringung zur Untersuchung, um ein Gutachten über den psychischen Zustand des Beschuldigten zu erstellen, § 81 StPO • Einstweilige Unterbringung in einem psychiatrischen Krankenhaus oder einer Erziehungsanstalt, § 126a StPO • U-Haft, §§ 112 ff. StPO • Durchführung erkennungsdienstlicher Maßnahmen, § 81b StPO • Vorläufige Entziehung der Fahrerlaubnis, § 111a StPO • Vorführung von Beschuldigten, Zeugen und Sachverständigen, §§ 134, 230 II, 51, 70 II, 77 I StPO
Art. 2 I iVm Art. 1 I GG (Recht auf informationelle Selbstbestimmung)	• Rasterfahndung, §§ 98a, 98b StPO • Maschineller Abgleich personenbezogener Daten aus einem Strafverfahren mit anderen zur Strafverfolgung, zur Strafvollstreckung oder zur Gefahrenabwehr gespeicherten Daten, § 98c StPO • Postbeschlagnahme, §§ 99, 100 StPO • Überwachung des Fernmeldeverkehrs, §§ 100a, b, 101 StPO • Einsatz technischer Mittel, §§ 100c, 100d, 101 StPO • Ausschreibung zur polizeilichen Beobachtung, 163e StPO
Art. 2 II 1 GG (körperliche Unversehrtheit)	• Körperliche Untersuchung des Beschuldigten, § 81a StPO • Körperliche Untersuchung anderer Personen, § 81c StPO • Körperliche Durchsuchung des Beschuldigten, § 102 StPO
Art. 10 GG (Fernmeldegeheimnis)	• Überwachung der Telekommunikation, § 100a StPO
Art. 12 GG (Berufsfreiheit)	• Vorläufiges Berufsverbot, § 132a StPO
Art. 13 I GG (Unverletzlichkeit der Wohnung)	• Durchsuchungen beim Verdächtigten, § 102 StPO • Durchsuchungen bei anderen Personen, § 103 StPO • Nächtliche Hausdurchsuchung, § 104 StPO • Wohnraumüberwachung, §§ 100c, d StPO
Art. 14 GG (Eigentum und Vermögen)	• Beschlagnahme, §§ 94–98 StPO • Sicherstellung von Gegenständen für Verfall, Einziehung und Gewinnabschöpfung, § 111b • Sicherstellung durch dinglichen Arrest, § 111d StPO

Es besteht eine gestufte Eingriffskompetenz: Aus rechtsstaatlichen Gründen können die meisten Eingriffe nur vom Richter angeordnet werden, vgl. §§ 100 I, 105 I, 111 II, 111a, 111e I StPO. Für die Befugnis der Freiheitsentziehung ergibt sich das schon aus der Verfassung, vgl. Art. 104 II 2 GG. Der Staatsanwalt bzw. seine Ermittlungspersonen sind grundsätzlich nur bei Gefahr im Verzuge zu Eingriffen in die Grundrechte des Betroffenen befugt, wie etwa §§ 81a II, 98 I, 111 II, 127 II StPO zeigen. Manche Maßnahmen bedürfen aber eines Antrags der Staatsanwaltschaft, vgl. § 100b I 1 StPO.

3. Abschluss des Ermittlungsverfahrens

Das Ermittlungsverfahren wird abgeschlossen, wenn keine Ermittlungsansätze mehr möglich sind, um den Tatverdacht zu klären. Das ist dann der Fall, wenn alle erforderlichen Beweise erhoben sind und der Beschuldigte Gelegenheit hatte, sich zu der Beschuldigung zu äußern. Dann hat die Staatsanwaltschaft zwei Möglichkeiten:

a) Erhebung der öffentlichen Klage

Besteht ein hinreichender Tatverdacht gegen den Beschuldigten, besteht also eine überwiegende Wahrscheinlichkeit für eine Verurteilung, erhebt der Staatsanwalt in der Regel – sofern er nicht von Opportunitätsentscheidungen Gebrauch macht – die öffentliche Klage, § 170 I StPO. In diesem Fall vermerkt er den Abschluss der Ermittlungen in den Akten (Abschlussvermerk, § 169a StPO). Ab diesem Zeitpunkt hat der Verteidiger ein unbeschränktes Akteneinsichtsrecht nach § 147 II StPO.

Die öffentliche Klage kann allerdings nicht nur durch die Einreichung einer Anklageschrift erhoben werden, sondern auch etwa durch einen Antrag auf Erlass eines Strafbefehls, § 407 StPO (oder etwa durch einen Antrag auf Aburteilung im beschleunigten Verfahren nach § 417 StPO).

Wenn es sich um ein Vergehen handelt und der Staatsanwalt eine Hauptverhandlung nicht für erforderlich erachtet, kann er im Verfahren vor dem Amtsgericht den Antrag auf Erlass eines Strafbefehls stellen. Der Erlass eines Strafbefehls kommt nur bei kleineren Straftaten in Betracht, weil das Gesetz durch Strafbefehl keine höheren Strafen als Geldstrafe (bis zu 360 Tagessätzen) oder Freiheitsstrafe bis zu einem Jahr zulässt, wenn deren Vollstreckung zur Bewährung ausgesetzt wird und der Angeklagte einen Anwalt hat. Der Antrag auf Erlass eines Strafbefehls muss bereits eine bestimmte Rechtsfolge beinhalten, meist eine Geldstrafe, möglicherweise noch verbunden mit einem Fahrverbot oder der Entziehung der Fahrerlaubnis.

Der Richter hat nach dem Antrag auf Erlass eines Strafbefehls nach § 408 StPO folgende Möglichkeiten:

aa) Wenn die Voraussetzungen für den Erlass des Strafbefehls gegeben sind, muss der Richter den Strafbefehl erlassen. Das ist dann der Fall, wenn er den Strafbefehl in tatsächlicher und rechtlicher Hinsicht überprüft hat und dabei mit dem Staatsanwalt zur Überzeugung gelangt, dass der Beschuldigte die ihm zur Last gelegte Tat schuldhaft begangen hat. Wenn in dem Strafbefehl eine Freiheitsstrafe festgesetzt wird und der Beschuldigte noch keinen Verteidiger hat, so muss diesem aber zunächst ein Pflichtverteidiger bestellt werden, § 408b StPO.

bb) Hält der Richter den Beschuldigten der Tat nicht für hinreichend verdächtig, lehnt er den Antrag auf Erlass eines Strafbefehls durch Beschluss ab. Dagegen kann der Staatsanwalt nach § 408 II 2 iVm § 210 II StPO die sofortige Beschwerde einlegen. Ein möglicher Nebenkläger hat ebenfalls das Recht zur sofortigen Beschwerde nach § 400 II 1 StPO. Der Verletzte und der Anzeigende haben kein Beschwerderecht.

cc) Wenn der Richter zwar den hinreichenden Tatverdacht als gegeben ansieht, aber Bedenken hat, im schriftlichen Strafbefehlsverfahren zu entscheiden, hat er nach § 408 III 2 StPO einen Termin zur Hauptverhandlung zu bestimmen. Das ist zB dann der Fall, wenn davon auszugehen ist, dass in naher Zukunft noch schwerere Folgen der Tat eintreten werden. Denn in solchen Fällen ergeben sich bereits im Vorfeld Bedenken hinsichtlich der Rechtsfolgen und hinsichtlich des Schuldspruchs. Die bloße Erwartung, dass der Beschuldigte voraussichtlich gegen den Strafbefehl Einspruch einlegen wird, ist aber noch kein Grund, vom Strafbefehl abzusehen und eine Hauptverhandlung anzuberaumen.

b) Einstellung des Verfahrens

Wenn die Ermittlungen keinen hinreichenden Tatverdacht ergeben haben, wird das Ermittlungsverfahren eingestellt, § 170 II StPO. Das ist bei der weit überwiegenden Zahl der Ermittlungsverfahren der Fall.

aa) Eingestellt werden kann nach § 170 II StPO …

(1) … aus tatsächlichen Gründen, wenn dem Beschuldigten die vorgeworfene Tat nicht nachgewiesen werden kann oder sich herausgestellt hat, dass ein Rechtfertigungs-, Schuldausschließungs-, Strafausschließungs- oder Strafaufhebungsgrund vorliegt.

(2) … aus prozessualen Gründen, wenn ein (nicht behebbares) Verfahrenshindernis vorliegt, zB weil die Tat verjährt ist.

(3) … aus materiell-rechtlichen Gründen, wenn die Tat nicht strafbar ist.

bb) Möglich ist auch eine Einstellung wegen Geringfügigkeit (Opportunitätsprinzip!) ...

(1) … nach § 153 I 1 StPO, wenn bei Vergehen die Schuld des Täters gering wäre und das öffentliche Interesse nicht entgegensteht. Hier reicht ein Anfangsverdacht aus.

(2) … nach § 153a I StPO, wenn der Beschuldigte ihm erteilte Auflagen nach Zustimmung oder Weisungen erfüllt und diese geeignet sind, das öffentliche Interesse an der Strafverfolgung zu beseitigen. Dafür ist ein hinreichender Tatverdacht erforderlich. Wenn der Beschuldigte diesen Auflagen oder Weisungen nicht nachkommt, muss konsequenterweise die öffentliche Klage erhoben werden.

(3) … nach § 154 StPO, wenn der Beschuldigte wegen einer anderen Tat bereits eine Strafe oder Maßregel der Besserung und Sicherung erhalten oder zu erwarten hat und daneben die für die neue Tat zu erwartende Strafe nicht beträchtlich ins Gewicht fällt oder die andere Strafe zur Einwirkung auf den Täter und zur Verteidigung der Rechtsordnung ausreichend erscheint und ein Urteil wegen der neuen Tat in angemessener Frist nicht zu erwarten ist.

(4) … aus prozessökonomischen Gründen in den Fällen der §§ 153c, 154b StPO (Taten mit Auslandsbezug).

(5) … aus Gründen seiner Abwesenheit, § 154f StPO. Dann wird das Verfahren nur vorläufig eingestellt und der Beschuldigte zur Fahndung ausgeschrieben (Suchvermerk – Aufenthaltsermittlung und/oder Festnahme).

cc) Eingestellt werden kann auch, wenn kein öffentliches Interesse an der Strafverfolgung vorliegt. Dies kann der Fall sein, wenn es sich um Privatklagedelikte nach § 374 I StPO handelt. Dann stellt die Staatsanwaltschaft das Verfahren gem. § 376 StPO ein und verweist den Verletzten auf die Privatklage.

Stellt die Tat nur eine Ordnungswidrigkeit dar oder wird das Verfahren nur wegen der mit einer Ordnungswidrigkeit zusammenhängenden Straftat eingestellt, so gibt der Staatsanwalt die Sache an die zuständige Verwaltungsbehörde nach § 43 OWiG ab.

dd) Einstellungsnachricht/Einstellungsbescheid

Wenn das Verfahren eingestellt wird, wird der Beschuldigte über diese Tatsache benachrichtigt, wenn er als solcher vernommen wurde oder ein Haftbefehl gegen ihn erlassen worden ist, § 170 II 2 StPO. Der Haftbefehl muss dabei dem Beschuldigten weder bekanntgegeben noch vollzogen worden sein; der bloße Erlass reicht aus.

Der Beschuldigte ist auch dann zu benachrichtigen, wenn er gegenüber einem Strafverfolgungsorgan darum gebeten hat oder wenn ein besonderes Interesse für eine Benachrichtigung ersichtlich ist. Die Bekanntgabe der Einstellungsgründe ist gesetzlich nicht vorgeschrieben. Nach Nr. 88 S. 1 RiStBV sind aber die Gründe der Einstellung auf Antrag insoweit mitzuteilen, als kein schutzwürdiges Interesse (staatliche oder private Geheimnisse, weitere Ermittlungen) entgegensteht. Wenn der Beschuldigte unschuldig ist oder ihm gegenüber kein begründeter Verdacht mehr besteht, ist ihm das ebenfalls mitzuteilen, vgl. Nr. 88 S. 2 RiStBV.

Wer einen Antrag auf Erhebung einer öffentlichen Klage gestellt hat, ist im Falle einer endgültigen Einstellung unter Angabe von Gründen zu bescheiden. Ist das Verfahren nach § 170 II StPO eingestellt worden und ist der Anzeigenerstatter gleichzeitig »der Verletzte« iSd § 172 I 1 StPO, also durch die Straftat, wegen der ermittelt wurde, unmittelbar in einem Rechtsgut beeinträchtigt worden und steht nicht ausschließlich ein Privatklagedelikt in Rede, wird er auch darüber belehrt, dass er im Wege der (Vorschalt-) Beschwerde eine Überprüfung dieser Einstellung durch den vorgesetzten Beamten der Staatsanwaltschaft, also der Generalstaatsanwalt, in der dafür nach § 172 I StPO vorgesehenen Frist erreichen kann.

Worin unterscheidet sich die Generalstaatsanwaltschaft von dem Generalstaatsanwalt?

▶ Die Generalstaatsanwaltschaft, die auch als »Staatsanwaltschaft bei dem Oberlandesgericht« bezeichnet wird, wirkt unter anderem bei allen Strafsachen mit, die beim Oberlandesgericht zu entscheiden sind und stellt dort ihre Anträge. Dazu zählen etwa die Entscheidungen über Revisionen gegen Strafurteile der Amts- und Landgerichte und die von Amts wegen nach sechsmonatiger Untersuchungshaft vorzunehmende Haftprüfung nach §§ 121 f. StPO, die spätestens nach drei Monaten wiederholt werden muss, vgl. § 122 IV 2 StPO. Weiterhin ist diejenige Generalstaatsanwaltschaft, in deren Bezirk die Landesregierung ihren Sitz hat, landesweit zuständig für Ermittlungsverfahren wegen Staatsschutzdelikten (Hochverrat, Landesverrat etc.) soweit diese Delikte nicht im Rahmen der Bundesgerichtsbarkeit vom Generalbundesanwalt verfolgt werden. Die Generalstaatsanwaltschaft besteht, außer bei sehr kleinen Behörden, aus mehreren jeweils

von einem Leitenden Oberstaatsanwalt geleiteten Abteilungen. Diesen gehören mehrere Oberstaatsanwälte als Dezernenten an.
Die Generalstaatsanwaltschaft wird von einem Generalstaatsanwalt geleitet. Dieser hat die Fach- und Dienstaufsicht über die Staatsanwaltschaften seines Bezirks.

Worin unterscheidet sich eine Strafanzeige von einem Strafantrag?

▶ Eine Strafanzeige ist die bloße Mitteilung eines Sachverhaltes an die Strafverfolgungsbehörden, mit der Anregung, zu prüfen, ob ein Ermittlungsverfahren einzuleiten ist. Lässt die Strafanzeige darüber hinaus nicht auch den Willen erkennen, die Strafverfolgung zu veranlassen, ist der ihr mitgeteilte Sachverhalt nach dem Legalitätsprinzip zu beachten, § 152 II StPO. Unter einem Strafantrag nach § 158 I StPO versteht man jede Anzeige, die über die bloße Wissensvermittlung hinaus erkennbar das Begehren nach Strafverfolgung enthält. Ein solcher Strafantrag enthält in der Regel gleichzeitig den Antrag auf Erhebung der öffentlichen Klage. Der Antragsteller hat dann einen Anspruch auf einen Bescheid der Staatsanwaltschaft, falls keine öffentliche Klage erhoben wird, § 171 S. 1 StPO.

Was versteht man unter einer amtlichen Wahrnehmung?

▶ Eine amtliche Wahrnehmung liegt immer dann vor, wenn die Staatsanwaltschaft auf andere Weise als über eine Strafanzeige oder einen Strafantrag Kenntnis vom Verdacht einer Straftat erhält, § 160 I StPO. Beispiel: Der Beamte hat die Tat selbst miterlebt, er hat von ihr aus der Zeitung oder aufgrund von nicht gänzlich unglaubwürdigen Gerüchten erfahren.

Wer kann alles einen Strafantrag stellen?

▶ Nach § 77 StGB kann nur derjenige einen Strafantrag stellen, der durch die Tat verletzt ist. Das ist derjenige, der durch die behauptete Straftat – wenn sie tatsächlich begangen wurde – unmittelbar in einem Rechtsgut verletzt ist. Verletzter eines Diebstahls nach § 242 StGB sind etwa der Eigentümer und der Gewahrsamsinhaber der gestohlenen Sache.

Bei wem können eine Strafanzeige und ein Strafantrag gestellt werden?

▶ § 158 I StPO: Bei der Staatsanwaltschaft, bei den Behörden und Beamten des Polizeidienstes und bei den Amtsgerichten.

Was macht die Polizei, nachdem ein Strafantrag bei ihr eingegangen ist?

▶ § 163 I StPO verpflichtet die Polizei auch ohne das Ersuchen der Staatsanwaltschaft oder deren Auftrag zum selbstständigen Einschreiten, wenn sie vom Anfangsverdacht einer Straftat Kenntnis erhält. Ferner hat sie der Staatsanwaltschaft die Verhandlungen, dh sämtliche Ermittlungsvorgänge einschließlich aller Spurenakten mit Bezug zu Tat und Täter, sachliche Beweismittel sowie Verfalls- und Einziehungsgegenstände, zu übersenden.

Ein Mann hat seine Frau geschlagen. Wie lange hat die Frau Zeit, einen Strafantrag zu stellen?

▶ § 77b StGB: Drei Monate ab Kenntnis von Täter und Tat.

Zwei Wochen nach der Tat geht die Frau zur Polizei und stellt Strafantrag. Nach einem Gespräch mit ihrem Mann will sie aber am nächsten Tag plötzlich wieder von ihrem Strafantrag Abstand nehmen. Geht das?

- Ja, § 77d StGB. Der Strafantrag kann jederzeit zurückgenommen werden. Die Frau hat dann aber die Kosten nach § 470 StPO zu tragen.

Welche Arten von Antragsdelikten gibt es?

- Die absoluten (zB § 123 StGB; § 185 iVm § 194 StGB) und die relativen Antragsdelikte (zB §§ 223, 229 jeweils iVm § 230; § 242 iVm § 248a StGB).

Worin unterscheiden sich die beiden Antragsdelikte?

- Bei den absoluten Antragsdelikten ist ein Strafantrag zwingend notwendig, um die Tat verfolgen zu können (Verfahrensvoraussetzung). Der Staat kann sich also über den fehlenden Strafantrag nicht hinwegsetzen.
  Bei den relativen Antragsdelikten kann der Strafantrag durch ein besonderes öffentliches Interesse der Staatsanwaltschaft ersetzt werden (zB konkludent durch Erhebung der öffentlichen Klage), vgl. Nr. 234 RiStBV.

Worin besteht der Unterschied zwischen einem besonderen öffentlichen Interesse und einem öffentlichen Interesse? (wird sehr häufig verwechselt!)

- Das besondere öffentliche Interesse kann bei den relativen Antragsdelikten einen fehlenden Strafantrag ersetzen.
  Das öffentliche Interesse ist dagegen Voraussetzung, wenn die Staatsanwaltschaft Privatklagedelikte anklagen will, § 376 StPO iVm Nr. 86 II RiStBV.

Jemand ist unerlaubt in Ihre Wohnung eingedrungen. Sie gehen zur Staatsanwaltschaft und stellen Strafantrag. Wird die Staatsanwaltschaft gegen ihren Angreifer Anklage erheben?

- Hier sind zwei Dinge zu unterscheiden. Zum einen handelt es sich beim Hausfriedensbruch nach § 123 StGB um ein absolutes Antragsdelikt. Ohne Strafantrag läuft also nichts. Ein Strafantrag liegt hier aber vor. Beim Hausfriedensbruch nach § 123 StGB handelt es sich aber auch um ein Privatklagedelikt nach § 374 I Nr. 4 StPO. In diesen Fällen erhebt die Staatsanwaltschaft nur dann Anklage, wenn ein öffentliches Interesse vorliegt. Ein solches ist gegeben, wenn der Rechtsfrieden über den Lebenskreis des Angeklagten hinaus gestört und die Strafverfolgung ein gegenwärtiges Anliegen der Allgemeinheit ist, vgl. Nr. 86 II RiStBV. Das wird bei einem einfachen Hausfriedensbruch nicht anzunehmen sein. Die Staatsanwaltschaft wird Sie daher auf den Privatklageweg verweisen. Häufig wird auch bei weniger gravierenden Körperverletzungen auf den Privatklageweg verwiesen.

Wie lange haben sie Zeit, die Privatklage zu erheben?

- Die Privatklage ist an keine Fristen gebunden. Sie kann bis zum Eintritt der Verfolgungsverjährung erhoben werden. Bei einem Privatklagedelikt, das gleichzeitig auch ein Antragsdelikt ist (wie im obigen Fall) ist es allerdings nötig, dass ein Strafantrag rechtzeitig gestellt wird.

Welche Funktion hat die Staatsanwaltschaft?

- Die Staatsanwaltschaft hat das Anklagemonopol, § 152 I StPO, dh sie ist (mit Ausnahme der Privatklage nach §§ 374 StPO ff.) allein zuständig für die Erhebung der öffentlichen Klage. Zudem trägt sie die Verantwortung für das Ermittlungsverfahren und leitet dieses, § 160 I StPO (»Herrin des Ermittlungsverfahrens«). Es obliegt dem pflichtgemäßen Ermessen des einzelnen Staatsanwaltes, ob er die Ermittlungen selbst führt oder sich etwa der Hilfe der Polizei bedient.

Wie nennt man die Polizisten in diesem Fall?

▶ Ermittlungspersonen der Staatsanwaltschaft, § 152 GVG. Sie sind verpflichtet, den Anordnungen der Staatsanwaltschaft Folge zu leisten.

> **Tipp:** Auf keinen Fall sollte hier das Wort »Hilfsbeamte« der Staatsanwaltschaft fallen. So hießen diese zwar bis zum 1. Justizreformgesetz 2004. Das wird heute aber weder von der Polizei noch von Prüfern gerne gehört.

Sind nur Polizisten Ermittlungspersonen der Staatsanwaltschaft? Oder kennen Sie noch weitere Ermittlungspersonen?

▶ Als Ermittlungspersonen der Staatsanwaltschaft kommen nicht nur Polizisten in Betracht, vgl. dazu die Verordnung über die Ermittlungspersonen der Staatsanwaltschaft in *v. Hippel/Rehborn*, Gesetze des Landes Nordrhein-Westfalen (Nr. 173). Zu den Ermittlungspersonen zählen etwa auch Regierungsräte bei der Bundesfinanzverwaltung, Zollinspektoren beim Grenzaufsichtsdienst etc.

Was sind Amtsanwälte? Und was machen Sie?

▶ Amtsanwälte sind idR Rechtspfleger (Beamte in einer Sonderlaufbahn des gehobenen Justizdienstes) mit einer Zusatzausbildung, die in begrenztem Umfang Aufgaben eines Staatsanwaltes wahrnehmen. Ihre Zuständigkeit folgt aus § 142 I Nr. 3, II GVG. Sie können aber nur beim Amtsgericht auftreten, § 145 II GVG. Meistens werden sie bei Delikten wie Körperverletzung, Verkehrsdelikten sowie Vermögensdelikten mit begrenzter Schadenssumme tätig.

Wie ist die Staatsanwaltschaft gegliedert?

▶ Die Organisation der Staatsanwaltschaft ist in den §§ 142, 143 GVG und der Anordnung über Organisation und Dienstbetrieb der Staatsanwaltschaft (OrgStA) geregelt. Die sachliche und örtliche Zuständigkeit entspricht der Zuständigkeit der Gerichte. Diese wiederum bestimmt sich unter anderem nach § 7 StPO (Tatort) sowie dem Delikt und der Straferwartung. Erster Beamter iSd § 145 GVG ist der Generalstaatsanwalt für die Staatsanwaltschaft bei den Oberlandesgerichten (Generalstaatsanwaltschaft) und der Leitende Oberstaatsanwalt (LOStA) für die Staatsanwaltschaft bei den Landgerichten (Staatsanwaltschaft). Einem Leitenden Oberstaatsanwalt (als Behördenleiter einer Staatsanwaltschaft) steht als ständiger Vertreter ein Oberstaatsanwalt und für Fragen der Organisation des Dienstbetriebs ein Geschäftsleiter zur Seite. Bei besonders großen Staatsanwaltschaften sind mehrere Abteilungen zu Hauptabteilungen zusammengefasst, denen jeweils ein Oberstaatsanwalt als Hauptabteilungsleiter vorsteht.

Welche Aufgabe hat der Generalbundesanwalt? Wo sitzt er?

▶ Der Generalbundesanwalt beim Bundesgerichtshof (so der offizielle Behördenname; wird häufig auch als Bundesanwaltschaft bezeichnet) hat seinen Sitz beim Bundesgerichtshof in Karlsruhe und in Leipzig.
Er leitet Ermittlungsverfahren auf dem Gebiet der Staatsschutzdelikte und bearbeitet Rechtsmittelsachen, die beim Bundesgerichtshof entschieden werden.

Seine Zuständigkeit im Ermittlungsverfahren folgt aus §§ 142a, 120 I und II GVG. Er wird etwa bei schwerwiegenden Staatsschutzsachen tätig, welche die innere oder äußere Sicherheit besonders berühren, etwa bei terroristischen Gewalttaten.

Beachte: Der 5. Strafsenat des Bundesgerichtshofes hat seinen Sitz in Leipzig.

Was ist der Unterscheid zwischen einer Belehrung bei einer Vernehmung durch einen Staatsanwalt/Richter und durch eine Ermittlungsperson?

▶ Staatsanwälte und Richter müssen die Normen nennen, die man dem Beschuldigten vorwirft. Das müssen die Ermittlungspersonen nicht (§ 163a IV StPO verweist nämlich nicht auf § 136 I 1 StPO).

Was ist die Jugendgerichtshilfe? Was macht sie?

▶ Die Jugendgerichtshilfe ist ein Fachdienst des Jugendamtes, welcher nach § 52 SGB VIII im Verfahren nach dem Jugendgerichtsgesetz mitwirkt. Die Jugendgerichtshilfe muss im Verfahren gegen einen Jugendlichen (= Person, die zur Tatzeit 14–17 Jahre alt ist) oder gegen einen Heranwachsenden (= Person, die zur Tatzeit 18–20 Jahre alt ist) herangezogen werden, § 1 II JGG, § 38 III JGG. Unter anderem berät sie die jungen Straftäter und deren Familien, nimmt an Gerichtsverhandlungen teil und macht Vorschläge für ein mögliches Urteil. Zudem wacht sie darüber, ob der Jugendliche Weisungen und Auflagen nachkommt, § 38 II JGG.

Worin liegt der Hauptunterschied zwischen Jugendstrafrecht und Erwachsenenstrafrecht?

▶ Das Erwachsenenstrafrecht ist auf die Tat bezogen, das Jugendstrafrecht dagegen auf den Täter (Stichwort: »Erziehung vor Strafe«). Nach § 1 I JGG soll das Jugendstrafrecht vor allem erneuten Straftaten eines Jugendlichen oder Heranwachsenden entgegenwirken. Aus diesem Grund sind die Rechtsfolgen und auch das Verfahren unter Beachtung des elterlichen Erziehungsrechts auszurichten. So unterscheidet sich das Sanktionenrecht erheblich. Einzige Kriminalstrafe ist die Jugendstrafe (Freiheitsstrafe). Es existieren außerdem besondere Maßnahmen, etwa der Jugendarrest, »der das Ehrgefühl des Jugendlichen wecken und ihm eindringlich zu Bewusstsein bringen (soll), dass er für das von ihm begangene Unrecht einzustehen hat«, § 90 I JGG. Gleichwohl haben die meisten Maßnahmen, die nach dem JGG verhängt werden können, Sanktionscharakter.

Welche relevanten Blutalkoholkonzentrationswerte kennen Sie?

▶ BAK-Werte:
- 0,3 Promille: relative Fahruntüchtigkeit bei Kfz-Führern und Fahrradfahrern
- 1,1 Promille: absolute Fahruntüchtigkeit bei Führen eines Kfz
- 1,6 Promille: absolute Fahruntüchtigkeit bei Fahrradfahrern
- ab 2,0 Promille: verminderte Schuldfähigkeit kommt in Betracht
- ab 2,2 Promille: verminderte Schuldfähigkeit kommt bei vorsätzlichen Tötungsdelikten in Betracht
- ab 3,0 Promille: Schuldunfähigkeit kommt in Betracht
- ab 3,3 Promille: absolute Schuldunfähigkeit bei vorsätzlichen Tötungsdelikten kommt in Betracht

Tipp: Die einschlägigen BAK-Werte sind für die mündliche Prüfung sehr wichtig und müssen im Schlaf beherrscht werden.

Was bedeutet es, wenn jemand absolut fahruntüchtig ist? Kann man das widerlegen?

▶ Nein. Bei einer absoluten Fahruntüchtigkeit liegt eine unwiderlegbare Vermutung für die Fahruntüchtigkeit der Person vor.

Was bedeutet es im Vergleich dazu, wenn jemand relativ fahruntüchtig ist?

▶ Bei der relativen Fahruntüchtigkeit müssen zu der Alkoholisierung alkoholbedingte Ausfallerscheinungen hinzutreten, damit die Person als fahruntüchtig im Sinne des Gesetzes gilt. Die Fahruntüchtigkeit wird dabei nach der Maßgabe des Einzelfalles beurteilt. Beispiele für Ausfallerscheinungen sind: Orientierungslosigkeit (Schlangenlinien), erhebliche Beeinträchtigung der Reaktionsfähigkeit, Bewegungsanormalitäten (Torkeln), keine Pupillenreaktion bei Veränderung der Helligkeit der Umgebung, verwaschene Aussprache und Wahrnehmungsfehler.

Merke: Je höher die BAK ist, desto geringere Anforderungen werden an die Ausfallerscheinungen gestellt und umgekehrt.

Wie berechnet sich die Blutalkoholkonzentration einer Person?

▶ Das kommt darauf an, für was sie relevant sein soll:

a) Geht es um die alkoholbedingte Fahruntüchtigkeit als Tatbestandsmerkmal, etwa bei §§ 315c, 316 StGB, wird in den ersten zwei Stunden keine Rückrechnung vorgenommen, da man von dem für den Täter günstigen Fall ausgeht, dass das Trinkende unmittelbar der Tatentdeckung vorangegangen ist. Danach wird lediglich ein stündlicher Abbauwert von nur 0,1 Promille zugrunde gelegt. Ein Sicherheitszuschlag wird nicht vorgenommen.

b) Geht es um die Schuldunfähigkeit iSd § 20 StGB wird ein einmaliger Sicherheitszuschlag von 0,2 Promille sowie ein stündlicher Abbauwert von 0,2 Promille pro Stunde zugrunde gelegt, da man nunmehr zugunsten des Täters von einer besonders hohen BAK zur Tatzeit ausgehen muss.

Beispiel: T trinkt bis 24 Uhr, fährt los und wird von der Polizei angehalten. Um 11 Uhr morgens wird ihm eine Blutprobe entnommen. Diese ergibt eine BAK von 0,1 ‰.

	Fahruntüchtigkeit iSd §§ 315c, 316 StGB	**Schuldunfähigkeit iSd § 20 StGB**
Restwert um 11:00 Uhr	0,1 ‰	0,1 ‰
Abbaubeginn	Erst nach 2 Stunden (max. Resorptionsphase)	Sofort (minimale Resorptionsphase)
Abbau pro Stunde	0,1 ‰ (minimaler Abbauwert)	0,2 ‰ (max. Abbauwert)
Sicherheitszuschlag	--------	Einmaliger Sicherheitszuschlag in Höhe von 0,2 ‰
Wert zur Tatzeit um 24 Uhr	0,1 ‰ + (9 x 0,1 ‰) = 1,0 ‰	0,1 ‰ + (11 x 0,2 ‰) + 0,2 ‰ = 2,5 ‰

Machen sie sich strafbar, wenn sie mit 0,5 ‰ BAK am Steuer erwischt werden?

▶ Grundsätzlich nicht, es sei denn, zu dieser Alkoholisierung kommen noch alkoholtypische Ausfallerscheinungen hinzu (insbesondere Fahrfehler). Zumindest aber handeln Sie ordnungswidrig nach § 24a StVG: »Ordnungswidrig handelt, wer im Straßenverkehr ein Kraftfahrzeug führt, obwohl er 0,25 mg/l oder mehr Alkohol in der Atemluft oder 0,5 Promille oder mehr Alkohol im Blut oder eine Alkoholmenge im Körper hat, die zu einer solchen Atem- oder Blutalkoholkonzentration führt.«

Wann spricht man von einem Beschuldigten, Angeschuldigten, Angeklagten?

▶ Der Begriff des Beschuldigten wird in der StPO zwar an verschiedenen Stellen vorausgesetzt (zB §§ 112 I, 127a I, 157 StPO) aber gesetzlich nicht definiert. Nach der Systematik des Gesetzes wird die Bezeichnung »Beschuldigter« aber verwendet, wenn sie alle Stadien des Verfahrens umfassen soll, vgl. §§ 81, 112 StPO. Als Beschuldigter wird jemand bezeichnet, gegen den polizeiliche oder staatsanwaltschaftliche Ermittlungen wegen des Verdachts einer strafbaren Handlung geführt werden (= Bezeichnung der Person im Ermittlungsverfahren).
Als Angeschuldigter wird jemand bezeichnet, wenn die Staatsanwaltschaft die öffentliche Klage gegen ihn erhoben hat, das Hauptverfahren aber noch nicht eröffnet wurde (= Bezeichnung der Person im Zwischenverfahren), § 157 StPO.
Die Bezeichnung Angeklagter wird verwendet, wenn gegen eine Person die Eröffnung des Hauptverfahrens beschlossen wurde (= Bezeichnung der Person im Hauptverfahren), § 157 StPO.

Wann beginnt das Zwischenverfahren?

▶ Das Zwischenverfahren beginnt, wenn der zuständige Richter die Anklageschrift auf den Tisch bekommt. Es endet, wenn er über die Eröffnung des Hauptverfahrens entscheidet. Das Zwischenverfahren ist in den §§ 199–211 StPO geregelt.

Was macht der Richter im Zwischenverfahren?

▶ Er prüft, ob ein hinreichender Tatverdacht vorliegt, § 203 StPO.

Achtung: In einem Strafprozess wird also zweimal geprüft, ob der hinreichende Tatverdacht vorliegt. Einmal von der Staatsanwaltschaft vor Anklageerhebung (§ 170 I StPO) und noch einmal im Anschluss daran vom zuständigen Gericht.

Welche Möglichkeiten hat der Richter im Zwischenverfahren?

▶ Er kann Beweise erheben (§ 202 S. 1 StPO), – wenn hinreichender Tatverdacht vorliegt – einen Eröffnungsbeschluss erlassen (§§ 203, 207 StPO) oder – wenn kein hinreichender Tatverdacht vorliegt – die Eröffnung des Hauptverfahrens ablehnen (§ 204 StPO).

Was ist also der Sinn des Zwischenverfahrens?

▶ Es soll den Beschuldigten vor nicht hinreichend fundierten Anklagen und einer unnötigen und belastenden Hauptverhandlung schützen. (Hieraus ergibt sich allerdings der systemimmanente Nachteil der Vorbefassung des Gerichts bei der Hauptverhandlung.)

Bei welchen Verfahrensarten gibt es kein Zwischenverfahren?

▶ Im beschleunigten Verfahren nach §§ 417–429 StPO und im Strafbefehlsverfahren nach §§ 407–412 StPO (wobei hier das Gericht vor Erlass des Strafbefehls den Sachverhalt prüft).

Worin liegt der Unterschied zwischen einer V-Person (auch V-Mann oder VP genannt), und einem verdeckten Ermittler?

- Eine V-Person ist eine Person, die zwar keiner Strafverfolgungsbehörde angehört, diese aber bei der Aufklärung von Straftaten auf längere Zeit unterstützt. Die Identität dieser Person wird dabei grundsätzlich geheim gehalten. Als Ermächtigungsgrundlage dienen die §§ 161, 163 StPO.
  Ein verdeckter Ermittler hingegen ist ein inländischer Beamter einer Strafverfolgungsbehörde, der nach außen als Zivilperson unter einer falschen Identität auftritt, vgl. § 110a II StPO.

Stellen Sie sich Folgendes vor: Sie wohnen in Köln und fahren zum Oktoberfest nach München. Nach einigen Litern Bier prügeln Sie sich mit einem Einheimischen. Am nächsten Tag reisen Sie zu ihrer Schwester nach Münster.

In welchem Bezirk kann die Staatsanwaltschaft ermitteln? Wonach richtet sich die Zuständigkeit in Strafsachen?

- Die Zuständigkeit richtet sich nach den §§ 7–10 StPO. Nach § 7 I StPO ist die Strafbarkeit bei dem Gericht begründet, in dessen Bezirk die Straftat begangen wurde, hier also in München. Möglich ist aber auch eine Strafverfolgung am Wohn- oder Aufenthaltsort des Angeschuldigten, also in Köln oder in Münster, wenn man dort gefasst wird, §§ 8, 9 StPO, wobei der Tatort grundsätzlich Vorrang genießt, Nr. 2 I RiStBV.

Stellen Sie sich vor, Sie sind Ermittlungsperson der Staatsanwaltschaft. Ein unbekannter Anrufer teilt Ihnen mit, dass auf der Hohe Straße in Köln eine bewusstlose Frau liege, die im Gesicht blute. Als Sie am Tatort eintreffen, sehen Sie die bewusstlose, stark blutende Frau. Neben ihr steht als einzige Person ein Mann mit einem weißen, blutverschmierten T-Shirt, an dessen Händen ebenfalls Blut klebt. Nachdem die Frau versorgt wurde, beginnen Sie, den Mann zu der Tat zu befragen, vergessen aber leider, ihn auf sein Schweigerecht und auf sein Recht zur Verteidigerkonsultation zu belehren. Aus welcher Norm folgt die Belehrungspflicht?

> **Tipp:** Beweisverwertungsverbote werden häufig über solche kleinen Fälle abgefragt.

- Nach § 136 iVm § 163a III 2, IV 2 StPO ist der Beschuldigte vor seiner ersten Vernehmung über den Gegenstand des Verfahrens sowie seine Aussagefreiheit zu belehren.

> **Hinweis:** § 136 StPO, der in diesen Fällen häufig aber unzutreffend isoliert genannt wird, gilt ohne § 163a StPO nur für die Vernehmung durch einen Richter!

Welche Bestandteile muss eine ordnungsgemäße Belehrung enthalten?

- **Die Belehrung über die Aussagefreiheit (also sein Schweigerecht), § 136 I 2 StPO.**
- **Die Belehrung über das Recht zur Verteidigerkonsultation, § 136 I 2 StPO.**
- **Die Eröffnung des Tatvorwurfs in seinen wesentlichen Grundzügen.**
- Einen Hinweis auf das Beweisantragsrecht, § 136 I 3 StPO.
- In geeigneten Fällen den Hinweis auf das Recht zur schriftlichen Äußerung, § 136 I 4 StPO.

Tipp: Nur ein Verstoß gegen die fett gedruckten Bestandteile der Belehrung führt zu einem Beweisverwertungsverbot (Wiederholen Sie dazu die Problematik der fehlerhaften Beweiserhebung und der Verwertungsverbote bei *Kaiser/Bracker*, Die Staatsanwaltsklausur im Assessorexamen, 4. Aufl. 2014, Rn. 58 ff.).

War die Belehrung im obigen Fall fehlerhaft und was folgt daraus?

- Eine Vernehmung, also ein Gegenübertreten in amtlicher Eigenschaft, bei dem die Vernehmungsperson in dieser Eigenschaft Auskunft verlangt, liegt hier vor.
  Der Mann mit dem weißen T-Shirt ist auch Beschuldigter. Schließlich hat sich der Verdacht gegen ihn so verdichtet (einzige Person am Tatort, blutbeschmiertes T-Shirt), sodass er ernsthaft als Täter in Betracht kommt.
  Die Aussage ist unzulässig erhoben, vgl. § 136 iVm § 163a III 2, IV 2 StPO. Nach der Rechtsprechung folgt daraus grundsätzlich auch ein Verwertungsverbot. Schließlich zählt die Belehrung darüber, dass es dem Beschuldigten freistehe, sich zu der Beschuldigung zu äußern oder nichts zur Sache zu sagen, zu einer tragenden Säule der Rechte des Beschuldigten. Das Strafverfolgungsinteresse tritt demgegenüber zurück.

Wann folgt aus einem Verstoß gegen das Erhebungsverbot des § 136 I 2 StPO ausnahmsweise kein Verwertungsverbot?

- Wenn sicher feststeht, dass der Beschuldigte sein Schweigerecht auch ohne Belehrung gekannt hat, oder der anwaltlich verteidigte Beschuldigte in der Hauptverhandlung einer Verwertung ausdrücklich zugestimmt oder ihr zumindest nicht explizit widersprochen hat. Bestehen jedoch ernsthafte Zweifel, dass der Beschuldigte sein Schweigerecht kannte, bleibt es bei einem Verwertungsverbot.

Im oben genannten Fall möchte die Polizei die Anwohner befragen, die in der Hohe Straße in Köln wohnen. Müssen die Anwohner auf die Fragen der Polizei antworten oder sogar auf die Wache kommen?

- Nein, dafür gibt es keine polizeiliche Ermächtigungsgrundlage. In der Praxis wird die Polizei in solchen Fällen bei der Staatsanwaltschaft anregen, die Personen förmlich zu einer staatsanwaltlichen Vernehmung vorzuladen, zu der sie dann gem. § 161a I StPO erscheinen müssen.

Was ist eine Sicherstellung? Worin liegt der Unterschied zu einer Beschlagnahme?

- Bei einer Sicherstellung wird öffentlich-rechtlicher Gewahrsam an einer Sache begründet.
  Bei einer einfachen Sicherstellung als Beweismittel wird der Gewahrsam freiwillig an den Staat übertragen, § 94 I StPO.

  > **Beispiel:** Der am Tatort angetroffene Täter händigt den Ermittlungspersonen die Tatwaffe freiwillig aus.

  Eine Beschlagnahme ist dagegen dann nötig, wenn der Gewahrsamsinhaber die Sache nicht freiwillig herausgeben will. Die Sache wird dann hoheitlich beschlagnahmt, § 94 II StPO.

Was können Sie rechtlich unternehmen, wenn eine Sache beschlagnahmt wurde?

- Der Gewahrsamsinhaber, Eigentümer oder Besitzer, der von der Beschlagnahme betroffen ist, kann eine richterliche Entscheidung nach § 98 II 2 StPO beantragen.

Macht sich ein Zeuge wegen einer falschen uneidlichen Aussage strafbar, wenn er vor der Polizei oder der Staatsanwaltschaft wissentlich falsch aussagt?

▶ Nein. § 153 StGB lesen: »Wer vor Gericht oder einer anderen zur eidlichen Vernehmung von Zeugen oder Sachverständigen zuständigen Stelle als Zeuge oder Sachverständiger uneidlich falsch aussagt ...«. Gleichwohl kommt bei einer wissentlichen Falschaussage eine Strafbarkeit wegen einer Strafvereitelung nach § 258 StGB oder einer falschen Verdächtigung nach § 164 StGB in Betracht.

Im Tatort gestern Abend hat einer der Kommissare den Hauptverdächtigen anonym angerufen, ihn um 10.000 EUR erpresst und mit ihm ein Treffen ausgemacht. Am besagten Tag erscheint der Hauptverdächtige tatsächlich am vereinbarten Treffpunkt. Ist der Fall nun gelöst? Anders gefragt: Ist dieser Trick von der StPO gedeckt?

▶ Nein. Es liegt ein Verstoß gegen § 136a StPO vor. Es handelt sich hier um eine unzulässige Täuschung und nicht um eine nach § 136a StPO zulässige kriminalistische List (wie etwa das Vorspiegeln einer freundlichen Gesinnung (»Good guy, bad guy«) gegenüber einem aussageunwilligen Beschuldigten). Die Maßnahme war also unzulässig und die Aussage ist deshalb unverwertbar.

§ 136a StPO gilt seinem Wortlaut nach nur für Beschuldigte. Was gilt bei einer Zeugenvernehmung? Darf ein Zeuge also getäuscht werden und darf gegen ihn körperlicher Zwang angewendet werden?

▶ Natürlich nicht. Das folgt aber nicht aus einer Analogie zu § 136a StPO sondern direkt aus § 69 III StPO iVm § 136a StPO. Gleiches gilt über § 72 StPO für den Sachverständigen.

Welche Arten der Haft kennen Sie?

▶ Ordnungshaft, Erzwingungs-/Beugehaft, Vollstreckungshaft, Hauptverhandlungshaft, Untersuchungshaft, Organisationshaft, Abschiebehaft.

Was ist

a) Ordnungshaft, § 70 I StPO?
b) Erzwingungs-/Beugehaft, § 70 II StPO?
c) ein Vollstreckungshaftbefehl, § 457 II StPO?
d) Hauptverhandlungshaft, § 127b I Nr. 2 StPO?
e) Sitzungshaftbefehl, § 230 II StPO?
f) Untersuchungshaft, §§ 112 ff. StPO?

▶ a) Ordnungshaft
Ordnungshaft kann gegen einen Zeugen verhängt werden, wenn er sich weigert, auszusagen oder den Eid zu leisten und ihm deswegen ein Ordnungsgeld auferlegt wird, das aber nicht beigetrieben werden kann. Ordnungshaft kann auch gegen Zuschauer, Sachverständige oder den Angeklagten verhängt werden, wenn diese sich vor Gericht ungebührlich verhalten (zB störende Zwischenrufe). Ordnungshaft kann nach § 177 GVG auch gegen Parteien, Beschuldigte, Zeugen, Sachverständige oder bei der Verhandlung nicht beteiligte Personen verhängt werden, wenn sie einer Anordnung des Gerichts schuldhaft keine Folge leisten.

b) Erzwingungs-/Beugehaft
Die Erzwingungs-/Beugehaft ist ein gerichtliches Mittel, das gegen Zeugen oder sonstige zur Zeugenaussage verpflichtete Personen verhängt werden

kann, wenn diese die Aussage verweigern ohne ein Aussageverweigerungsrecht zu haben, § 70 II StPO. Die Erzwingungs-/Beugehaft wird beendet, wenn der Zeuge sich zu einer Aussage bereit erklärt oder das Verfahren beendet ist.

c) **Vollstreckungshaftbefehl**
Mit dem Vollstreckungshaftbefehl soll die Strafvollstreckung des rechtskräftigen Urteils durchgesetzt werden. Ein Vollstreckungshaftbefehl kann erlassen werden, wenn sich der rechtskräftig Verurteilte trotz einer ordnungsgemäßen Ladung (§ 27 StrVollstrO) unentschuldigt nicht dem Vollzug stellt, er sich dem bereits laufenden Vollzug entzieht (zB indem er nach einem Hafturlaub nicht mehr in die Justizvollzugsanstalt zurückkehrt) oder dem bereits laufenden Vollzug entwichen ist.

d) **Hauptverhandlungshaft**
Hauptverhandlungshaft darf gegen den einer Tat dringend verdächtigen ergehen, wenn die Durchführung einer Hauptverhandlung binnen einer Woche zu erwarten und auf Grund bestimmter Tatsachen zu befürchten ist, dass der Festgenommene der Hauptverhandlung fernbleiben wird.

e) **Sitzungshaftbefehl**
Wenn ein Angeklagter, der nicht genügend entschuldigt ist, der Hauptverhandlung ferngeblieben ist, kann das Gericht die Vorführung anordnen oder einen Sitzungshaftbefehl erlassen.

f) **Untersuchungshaft**
Die Untersuchungshaft (U-Haft) wird angeordnet, wenn jemand einer Straftat dringend verdächtig ist und ein Haftgrund besteht.
Ein Unterfall der Untersuchungshaft ist die Deeskalationshaft: Wenn die Voraussetzungen des § 112a StPO (Haftgrund: Wiederholungsgefahr) vorliegen, kann ein Täter in Deeskalationshaft genommen werden. Voraussetzung ist, dass der dringende Verdacht besteht, dass der Täter sein Opfer (bzw. einen Angehörigen des Opfers oder eine andere dem Opfer nahestehende Person) zumindest in Lebensgefahr oder in die Gefahr einer schweren Gesundheitsschädigung gebracht hat. Daneben müssen bestimmte Tatsachen die Gefahr begründen, dass der Täter vor einer rechtskräftigen Aburteilung weitere erhebliche Straftaten gleicher Art begehen oder die Straftat fortsetzen wird (§ 112a I Nr. 1 StPO, § 238 II, III StGB).

Hinweis: Daneben gibt es noch weitere Haftarten (zB die Abschiebehaft nach § 62 AufenthG), von denen aber bislang keine größere Relevanz in der mündlichen Prüfung ausgeht. Merken könnten Sie sich aber noch die Organisationshaft. So wird der Zeitraum bezeichnet, der zwischen Beendigung der Untersuchungshaft und einer Aufnahme in den Maßregelvollzug verstreicht. Die Organisationshaft darf nur so lange aufrechterhalten werden, bis die Vollstreckungsbehörde unter Berücksichtigung des Beschleunigungsgebots einen Platz in einer Maßregelvollzugsanstalt findet.

Welche Voraussetzungen hat die Untersuchungshaft?

a) Grundsätzlich einen Antrag der Staatsanwaltschaft, § 125 I StPO,
b) Dringender Tatverdacht,
c) Haftgrund,
d) keine Unverhältnismäßigkeit der Untersuchungshaft.

Tipp: Der letzte Punkt wird häufig auch Verhältnismäßigkeit genannt. Da einige Prüfer das aber unpräzise finden (das Gesetz spricht ja auch von »nicht außer Verhältnis« stehen vgl. § 112 I 2 StPO), sollte man sich an die obige Terminologie halten. Lesen Sie zur Untersuchungshaft *Kaiser/Bracker*, Die Staatsanwaltsklausur im Assessorexamen, 4. Aufl. 2014, Rn. 206 ff.

Wie definiert man den dringenden Tatverdacht?

- Dringender Tatverdacht liegt vor, wenn (momentan = »dynamischer Tatverdacht«) eine hohe Wahrscheinlichkeit besteht, dass der Beschuldigte Täter oder Teilnehmer einer verfolgbaren Straftat ist.

Für welche Maßnahmen braucht man den dringenden Tatverdacht?

- Unter anderem für die vorläufige Entziehung der Fahrerlaubnis nach § 111a StPO und den Haftbefehl nach § 112 StPO.

Welche Verdachtsarten kennen Sie noch?

- Den Anfangsverdacht und den hinreichenden Tatverdacht.

Wie werden diese definiert? Wofür benötigt man sie?

- Ein Anfangsverdacht nach § 152 II StPO liegt vor, wenn zureichende tatsächliche Anhaltspunkte bestehen, dass eine verfolgbare Straftat vorliegt. Man braucht den Anfangsverdacht etwa, um ein Ermittlungsverfahren einzuleiten, eine Blutprobe nach § 81a StPO zu entnehmen oder eine Wohnung zu durchsuchen, § 102 StPO. Ein hinreichender Tatverdacht liegt vor, wenn nach Abschluss der Ermittlungen eine Verurteilung wahrscheinlicher ist als ein Freispruch. Ohne hinreichenden Tatverdacht kann keine Anklage erhoben werden. Im Zwischenverfahren prüft der zuständige Richter (erneut), ob dieser vorliegt, §§ 152 II, 203 StPO. Man braucht den hinreichenden Tatverdacht also für die Erhebung der Anklage nach § 170 I StPO und die Eröffnung des Hauptverfahrens nach § 203 StPO.

Braucht man wirklich bei jedem Haftbefehl einen Haftgrund?

- Bei den in § 112 III StPO genannten Tatbeständen muss nach dem Wortlaut der Norm kein Haftgrund bestehen. Das Bundesverfassungsgericht legt § 112 III StPO aber verfassungskonform dahingehend aus, dass der Erlass eines Haftbefehls nur zulässig ist, wenn Umstände vorliegen, die die Gefahr begründen, dass ohne Festnahme des Beschuldigten die alsbaldige Aufklärung und Ahndung der Tat gefährdet sein könnte. Nach dieser Auslegung ist es ausreichend, aber auch erforderlich, dass eine verhältnismäßig geringe Flucht- oder Verdunkelungsgefahr besteht.

Sie sind Anwalt. Ihr Mandant ist in Haft. Er fragt Sie, welche Rechtsbehelfe gegen den Haftbefehl statthaft sind. Was antworten Sie ihm?

- Es gibt die Möglichkeit der Haftprüfung, § 117 I StPO und die der Haftbeschwerde, § 304 I StPO.
  Die Haftprüfung wird vom zuständigen Ermittlungsrichter durchgeführt, hat also keinen Devolutiveffekt. Sie findet auf Antrag des Betroffenen bzw. dessen Verteidiger statt. Sofern der Betroffene oder sein Verteidiger es beantragt, wird über die Haftprüfung nach mündlicher Verhandlung entschieden, § 118 I StPO. Gegen die ablehnende Entscheidung der Haftprüfung kann Beschwerde eingelegt werden. Die Haftprüfung kann beliebig oft eingelegt werden.

Die Haftbeschwerde nach § 304 StPO ist nicht an Fristen gebunden und muss nicht begründet werden. Sie kann nicht nur gegen die Untersuchungshaft, sondern auch gegen die Hauptverhandlungshaft und die Inhaftierung wegen des Strafvollzugs (Überhaft) eingelegt werden. Die Haftbeschwerde ist bei dem Gericht, das die Entscheidung gefällt hat, bzw. den Haftbefehl erlassen hat (iudex a quo) schriftlich oder zu Protokoll der Geschäftsstelle einzulegen, § 306 StPO. Das Gericht beschließt dann im Abhilfeverfahren darüber. Sofern es der Beschwerde nicht abhelfen will, legt es die Beschwerde dem nächsthöheren Gericht vor. Die Haftbeschwerde ergeht nach § 309 I StPO ohne mündliche Verhandlung.

Beachte: Eine Haftbeschwerde ist neben einem Antrag auf Haftprüfung nicht zulässig, § 117 II StPO.

Was ist ein Ermittlungsrichter?

▶ Ein Ermittlungsrichter ist ein Richter bei dem Amtsgericht, bei dem die Staatsanwaltschaft ihren Sitz hat (§ 162 I 1 StPO), dem bestimmte Entscheidungen im Ermittlungsverfahren vorbehalten sind. Dazu gehört etwa die Entscheidung über die Anordnung von Zwangsmaßnahmen, die Durchsuchung von Wohnräumen oder den Erlass von Haftbefehlen. Funktionell zuständig ist jeweils der Richter, der durch das Präsidium des Gerichts im Geschäftsverteilungsplan mit den Aufgaben des Ermittlungsrichters betraut wurde, § 21e I 1 GVG. Seine Zuständigkeit endet, wenn öffentliche Klage erhoben wird. Die Zuständigkeit geht dann auf das mit der Anklageerhebung befasste Gericht über, vgl. § 207 IV StPO.

Wie unterscheidet sich eine Strafe von einer Maßregel der Besserung und Sicherung?

▶ Eine Strafe ist von der Schuld des Täters abhängig und dient der Spezial- und der Generalprävention.
Eine Maßregel der Besserung und Sicherung ist von der Schuld des Täters unabhängig. Sie wird aufgrund einer Gefährlichkeitsprognose angeordnet und soll die Bevölkerung vor gefährlichen Straftätern schützen und zu deren Besserung beitragen. Typische Maßregeln sind die Entziehung der Fahrerlaubnis nach § 69 StGB, die Unterbringung in einem psychiatrischen Krankenhaus nach § 63 StGB oder die Unterbringung in Sicherungsverwahrung nach § 66 StGB.
Eine Maßregel der Besserung und Sicherung kann auch gegen schuldunfähige erwachsene Straftäter verhängt werden.

Was versteht man unter der Zweispurigkeit der strafrechtlichen Sanktionen?

▶ Das Sanktionenrecht unterteilt sich in Strafen und Maßregeln der Besserung und Sicherung. Strafen (§§ 38 ff. StGB) sind Sanktionen, die unter Berücksichtigung des Strafzwecks ein für den Täter empfindliches Übel darstellen sollen und darüber hinaus einen sozialethischen Tadel beinhalten. Eine Strafe darf nach dem Schuldprinzip nur verhängt werden, wenn der Täter schuldhaft gehandelt hat und die Strafe seiner individuellen Schuld entspricht.
Maßregeln der Besserung und Sicherung (§§ 61 ff. StGB) sind Sanktionen, die auf die künftige Sozialgefährlichkeit des Täters abstellen. Sie können schon verhängt werden, wenn der Täter rechtswidrig, nicht aber schuldhaft gehandelt hat.

Stellen Sie sich vor, Sie sind Staatsanwalt und haben jemanden wegen Betruges angeklagt. Nach Eröffnung des Hauptverfahrens stellen Sie fest, dass aber eigentlich ein Diebstahl das richtige Delikt gewesen wäre. Was machen Sie jetzt? Können Sie die Anklage zurücknehmen?

▶ Nein, die Anklage kann nach Eröffnung des Hauptverfahrens nicht zurückgenommen werden, § 156 StPO. Jedoch kann das Gericht einen von der Anklageschrift abweichenden Eröffnungsbeschluss erlassen (§ 207 II Nr. 3 StPO) bzw. in der Hauptverhandlung könnte ein Hinweis seitens des Gerichts erfolgen, dass auch eine Verurteilung wegen Diebstahls in Betracht kommt, § 265 StPO.

! **Hinweis:** Bis zur Eröffnung des Hauptverfahrens kann die Staatsanwaltschaft die Anklage abändern oder durch einfachen Schriftsatz an das Gericht zurücknehmen.

Wie unterscheidet sich der Antrag zum Erlass eines Strafbefehls von einer Anklageschrift? Was ist für den Staatsanwalt anders, was für den Richter?

▶ Die Voraussetzungen für den Erlass eines Strafbefehls stehen in § 407 StPO (Lesen!). Er setzt, wie die Anklageerhebung nach § 170 I StPO auch, genügenden Anlass zur Erhebung der öffentlichen Klage voraus (hinreichender Tatverdacht des Beschuldigten). Anders als bei einer Anklageschrift muss der Antrag allerdings auf bestimmte Rechtsfolgen gerichtet sein, § 407 I 3, II StPO.
Der Richter kann den Strafbefehl allerdings nicht abändern. Entweder er erlässt ihn so, wie die Staatsanwaltschaft ihn beantragt hat, oder er beraumt eine Hauptverhandlung an.

Ihr Mandant hat einen Strafbefehl bekommen, nach dem er 25 Tagessätze in Höhe zu je 80 EUR zahlen soll. Er fragt sie, was er dagegen machen kann.

▶ Der Beschuldigte hat mehrere Möglichkeiten. Er kann
  a) den Strafbefehl und die damit verhängte Strafe akzeptieren. Dies hat zur Folge, dass der Strafbefehl rechtskräftig wird und auch wie ein Strafurteil im Bundeszentralregister (BZR) eingetragen wird.
  b) Er kann innerhalb von zwei Wochen nach Zustellung des Strafbefehls entweder umfassend oder nach § 410 II StPO beschränkt Einspruch hiergegen einlegen. Dann wird das Gericht eine Hauptverhandlung anberaumen.
  c) Er kann seinen Einspruch allein auf die Höhe der Tagessätze beschränken. Das Gericht kann dann nach § 411 I 3 StPO mit Zustimmung des Angeklagten, des Verteidigers und der Staatsanwaltschaft durch Beschluss entscheiden.

Sie sind Rechtsanwalt. Zu Ihnen kommt eine Mandantin und berichtet, sie habe einen Sachverhalt bei der Staatsanwaltschaft angezeigt. Nun habe sie ein Schreiben bekommen, dass das Verfahren eingestellt worden sei. Dies könne sie nicht einsehen und möchte wissen, was sie tun kann. Was sollten Sie sie fragen?

▶ Was steht in dem Bescheid drin? (Das ist relevant für die Frage, ob überhaupt ein Rechtsbehelf gegen diesen Bescheid eingelegt werden kann).

▶ Nach welcher Norm wurde das Verfahren eingestellt? (Denn eine Vorschaltbeschwerde gegen den Bescheid der Staatsanwaltschaft kann nur dann eingelegt werden, wenn nach § 170 II StPO eingestellt wurde).

▶ Wann hat sie den Bescheid bekommen? (Das ist relevant für die Beschwerdefrist der Vorschaltbeschwerde. Diese muss innerhalb von zwei Wochen eingelegt werden, § 172 I 1 StPO. Die Frist beginnt mit der Bekanntmachung der Einstellungsverfügung, also dem Zeitpunkt, zu dem diese der Antragstellerin entweder förmlich zugestellt wurde oder sonst zugegangen ist).

Gehen Sie davon aus, dass das Verfahren nach § 170 II StPO mangels hinreichenden Tatverdachts eingestellt wurde. Wie nennt man das Schreiben an die Mandantin dann?

▶ Einstellungsbescheid, § 171 StPO.

Was raten Sie der Mandantin dann?

▶ Die Mandantin könnte das Klageerzwingungsverfahren nach § 172 StPO betreiben.

Wie läuft ein Anklageerzwingungsverfahren ab? Welchem Zweck dient es?

▶ Beim Klageerzwingungsverfahren handelt es sich um ein zweistufiges Verfahren. Es ist in den §§ 172–177 StPO geregelt.

Das Klageerzwingungsverfahren setzt zunächst voraus, dass die Staatsanwaltschaft das Ermittlungsverfahren mangels hinreichenden Tatverdachts nach § 170 II StPO eingestellt hat. In diesen Fällen wird dem Antragsteller schriftlich mitgeteilt, dass das Verfahren eingestellt wurde. Dieses Schreiben nennt sich Einstellungsbescheid. Es enthält eine Rechtsbehelfsbelehrung, wenn das Klageerzwingungsverfahren nach § 172 II 3 StPO statthaft ist. Gegen diesen Einstellungsbescheid kann der Antragsteller, wenn er zugleich Verletzter ist, innerhalb von 14 Tagen nach Zugang die sogenannte Vorschaltbeschwerde beim vorgesetzten Beamten der Staatsanwaltschaft, dem Generalstaatsanwalt, einlegen.

Der Generalstaatsanwalt hat dann verschiedene Möglichkeiten der Entscheidung:

1. Er weist die Staatsanwaltschaft an, Anklage zu erheben oder die Ermittlungen wieder aufzunehmen.
2. Er stellt das Verfahren selbst nach einer anderen Norm ein, zB nach § 153 I StPO (Umstellung).
3. Er übernimmt die Sache selbst und erhebt Anklage oder
4. er weist die Beschwerde als unzulässig oder, wenn er den hinreichenden Tatverdacht ebenfalls verneint, als unbegründet zurück.

Im letzten Fall kann der Antragsteller innerhalb eines Monats nach Zustellung der ablehnenden Verfügung des Generalstaatsanwalts eine gerichtliche Entscheidung des OLG beantragen, § 172 II 3 StPO. Mit diesem Antrag beginnt das eigentliche Klageerzwingungsverfahren als Kontrolle der Staatsanwaltschaft durch einen unabhängigen Richter.

Wer muss alles bei einer strafgerichtlichen Hauptverhandlung anwesend sein?

▶ Das Gericht, ein Vertreter der Staatsanwaltschaft, der oder die Angeklagten, der oder die Zeugen und ein Protokollant, §§ 226, 230 StPO. Wenn es sich um ein Verfahren gegen Jugendliche handelt, muss zusätzlich auch noch die Jugendgerichtshilfe (und soll der gesetzliche Vertreter des Angeklagten) anwesend sein. Ein Verteidiger muss nicht zwingend anwesend sein, vgl. § 68 JGG.

Wie unterscheidet sich das Zeugnisverweigerungsrecht nach § 52 StPO von dem Auskunftsverweigerungsrecht nach § 55 StPO? Welchen Zwecken dienen diese Rechte?

▶ Das Zeugnisverweigerungsrecht nach § 52 StPO berechtigt den Zeugen, vor Gericht oder anderen staatlichen Stellen, unter bestimmten Bedingungen die Auskunft in Bezug auf sich oder einen Dritten vollkommen zu verweigern. Es dient dem Schutz des Zeugen vor Konfliktlagen, die sich ergeben würden, wenn der

Zeuge zur Aussage gezwungen wäre. Zu solchen Konfliktlagen zählt insbesondere die Situation, dass der Zeuge ihm nahe stehende Dritte belastet und sich so eventuell der Gefahr einer Strafverfolgung aussetzt.
(Näheres zur Verwertbarkeit von Zeugenaussagen bei *Kaiser/Bracker*, Die Staatsanwaltsklausur im Assessorexamen, 4. Aufl. 2014, Rn. 92 ff.)
Das Auskunftsverweigerungsrecht nach § 55 StPO erstreckt sich dagegen nur auf solche Vernehmungsfragen, die den Zeugen oder einen seiner Angehörigen bei wahrheitsgemäßer Beantwortung in die Gefahr der Verfolgung wegen einer Straftat oder einer Ordnungswidrigkeit bringen.

Eine Zeugin sagt im Januar bei der Polizei aus, ihr Freund habe ihren Bruder umgebracht. In der Hauptverhandlung im August sagt sie plötzlich, sie sei seit ein paar Tagen mit ihrem Freund verlobt. Sie mache nun von ihrem Zeugnisverweigerungsrecht Gebrauch. Ist die Aussage verwertbar?

▶ Die Aussage, die die Zeugin vor der Polizei gemacht hat, ist nach § 252 StPO nicht verwertbar. Die Frau hat ein Zeugnisverweigerungsrecht nach § 52 I Nr. 1 StPO. Auch jede andere Art der Verwertung der Aussage, insbesondere die Vernehmung von Verhörspersonen und die Verlesung von auf der Vernehmung beruhenden Schriftstücken (etwa Haftbefehlen) ist grundsätzlich unzulässig.

Gibt es noch eine Möglichkeit, die Aussage doch zu verwerten?

▶ (**Achtung Fangfrage**): Nein!

! **Tipp**: Die Aussage der Frau hätte dann verwertet werden können, wenn sie
a) durch den Ermittlungsrichter vernommen worden wäre,
b) das Zeugnisverweigerungsrecht zum Zeitpunkt der Vernehmung schon bestanden hätte und
c) sie bereits damals über ihr Zeugnisverweigerungsrecht nach § 52 StPO ordnungsgemäß belehrt worden wäre.

In diesem Fall hätte der Inhalt ihrer Aussage nach der ständige Rechtsprechung des BGH durch die Vernehmung der mitwirkenden Richter in den Prozess eingeführt werden können. Dies ist allerdings streitig, da damit der Schutzgedanke des § 252 StPO umgangen werden könnte. Der BGH hat aber jüngst darauf hingewiesen, dass ein Verwertungsverbot – unabhängig von der Vernehmungsform – dann nicht entsteht, wenn die Angehörigeneigenschaft gezielt zur Vereitelung der Wahrheitsermittlung im Strafverfahren herbeigeführt wird (etwa eine Verlobung).

Nehmen Sie an, eine Prostituierte hat ihren Zuhälter wegen schwerer Körperverletzung bei der Polizei angezeigt und bei einer richterlichen Vernehmung detaillierte Angaben gemacht. In der Hauptverhandlung ist sie jetzt plötzlich mit ihrem Zuhälter verlobt. Sind Ihre bei der richterlichen Vernehmung gemachten Angaben verwertbar?

▶ Nein. Einer Verlesung des Protokolls ihrer früheren der richterlichen Vernehmung stünde § 252 StPO entgegen. Es ist aber auch nicht möglich, den Inhalt ihrer Aussage durch eine Vernehmung des mitwirkenden Richters in den Prozess einzuführen. Schließlich ist die Verwertung einer Zeugenaussage dann ausgeschlossen, wenn sich der Zeuge in einer späteren Vernehmung zu Recht auf sein Zeugnisverweigerungsrecht beruft und dieses erst nach der Vernehmung entstanden ist.

Tipp: Wiederholen Sie zu den Problemen rund um das Zeugnisverweigerungsrecht *Kaiser/Bracker*, Die Staatsanwaltsklausur im Assessorexamen, 4. Aufl. 2014, Rn. 98 ff.

Stellen Sie sich vor, Ihr Nachbar hat Ihnen eine Ohrfeige gegeben und Sie haben einen Strafantrag nach § 230 StGB gestellt. Die Staatsanwaltschaft ist aber der Ansicht, dass durch das Vergehen die Allgemeinheit so wenig beeinträchtigt ist, dass kein öffentliches Interesse an der Strafverfolgung besteht. Was können Sie unternehmen, um den Strafanspruch doch noch durchzusetzen?

- Es könnte eine Privatklage erhoben werden, §§ 374 ff. StPO.

Stellen Sie sich vor, nach einem schon lange schwelenden Nachbarstreit hat Nachbar A Nachbar B hinterrücks überfallen und mit einem Messer schwer verletzt. Nach Erhebung der öffentlichen Klage möchte B sich aber nicht damit begnügen, bei dem Strafverfahren nur unbeteiligt dabei zu sein. Vielmehr möchte er aktiv an dem Verfahren mitwirken, um seinen persönlichen Interessen Genugtuung zu verschaffen. Was könnte B machen?

- B könnte sich als Nebenkläger nach § 395 I StPO der erhobenen öffentlichen Klage anschließen.

Was sind die Vorteile der Nebenklage? Wie kann der Nebenkläger an dem Verfahren mitwirken?

- Die Rechte des Nebenklägers ergeben sich aus §§ 397–401 StPO. Zu den wichtigsten Rechten gehören das Recht, an der Hauptverhandlung teilzunehmen, eigene Fragen zu stellen und den Prozess dadurch aktiv mitzugestalten. Der Nebenkläger hat zudem das Recht, Beweisanträge zu stellen und Rechtsmittel einzulegen.

Welche Voraussetzungen müssen vorliegen, um Nebenkläger sein zu können?

- Zunächst muss eine nebenklagefähige Straftat vorliegen, § 395 StPO. Daneben muss die Staatsanwaltschaft bereits die öffentliche Klage erhoben haben. Ebenso ist eine schriftliche Anschlusserklärung nach §§ 395, 396 I StPO Voraussetzung für die Nebenklage.

B möchte in dem Strafverfahren auch Schmerzensgeld zugesprochen bekommen. Ist das möglich?

- Ja, im sogenannten Adhäsionsverfahren nach den §§ 403 ff. StPO (von lat. Adhaesio, das Anhaften). Es eröffnet dem Verletzten die Möglichkeit, seine aus der Straftat erwachsenden vermögensrechtlichen Ansprüche bereits im Strafverfahren (und nicht in einem gesonderten Verfahren vor einem Zivilgericht) durchzusetzen. Dies gilt nach § 81 JGG aber nicht in Verfahren gegen Jugendliche.

Welche Vorteile hat das Adhäsionsverfahren?

- Dem Verletzten wird eine weitere Klage vor dem Zivilgericht erspart und Beweise, die im Zusammenhang mit den strafrechtlichen Untersuchungen des Gerichts eingeholt werden, kann der Verletzte auch für seinen vermögensrechtlichen Anspruch nutzen. Alle Beweise werden wegen des Untersuchungsgrundsatzes (§ 244 II StPO) von Amts wegen erhoben – auch ohne Zahlung eines Gerichtskostenvorschusses. Zudem kann der Verletzte – im Gegensatz zum Zivilprozess – auch Zeuge in eigener Sache sein. Eine Widerklage ist im Adhäsionsverfahren nicht möglich.

Welche Beweismittel kennen Sie im Strafprozess?

▶ Zeugen (§§ 48 ff. StPO), Sachverständige und Augenschein (§§ 72 ff. StPO), Urkunden und andere Schriftstücke (§§ 249 ff. StPO) sowie nach der hM die Aussagen, Einlassungen und Geständnisse des Angeklagten zur Sache.

Worin besteht der Unterschied zwischen einer Urkunde im strafrechtlichen Sinn nach § 267 ff. StGB und einer Urkunde als Beweismittel im Strafprozess?

▶ Unter einer Urkunde iSd §§ 267 ff. StGB versteht man jede verkörperte Gedankenerklärung (Perpetuierungsfunktion), die zum Beweis von rechtserheblichen Tatsachen geeignet und bestimmt ist (Beweisfunktion) und ihren Aussteller erkennen lässt (Garantiefunktion). Nach dieser Definition können zB auch Bierdeckel mit Bleistiftstrichen Urkundenqualität haben.
Urkunden im Sinne der StPO sind aber nur solche Dokumente, die einen verlesbaren Inhalt haben, vgl. § 249 I 1 StPO. Der angesprochene Bierdeckel wäre also im strafprozessualen Sinne nur ein Augenscheinsobjekt.

Sie befinden sich nunmehr in der Rolle eines Strafrichters. In der Hauptverhandlung legt der Angeklagte ein Geständnis ab. Wie gehen Sie damit um? Sind Sie daran gebunden?

▶ Nein. Anders als bei §§ 288, 290 ZPO besteht keine Bindung an ein Geständnis. Vielmehr unterliegt das Geständnis der freien richterlichen Beweiswürdigung (§ 261 StPO) und darf nicht unreflektiert als wahr unterstellt werden.

Stellen Sie sich vor, ihr Mandant wird vom Landgericht – große Strafkammer als Schwurgericht – wegen Mordes verurteilt. Er fragt Sie, was er dagegen unternehmen kann. Was raten Sie ihm?

▶ Er hat keine Wahl. Nur die Revision nach §§ 333 ff. StPO zum BGH ist statthaft.

Was ist eine Revision? Was wird da überprüft?

▶ Die Revision ist ein Rechtsmittel. Bei der Revision überprüft das Revisionsgericht, ob das Urteil formell und materiell richtig ist. Sie ist nach § 333 StPO gegen die Urteile der Strafkammern statthaft. Nach § 335 StPO aber auch gegen amtsgerichtliche Urteile, gegen die die Berufung statthaft ist. Das ist die sogenannte Sprungrevision. Diese geht dann vom Amtsgericht direkt zum Oberlandesgericht.

Und was ist der Unterschied zur Berufung? Was wird da überprüft?

▶ Die Berufung ist ebenfalls ein Rechtsmittel. Sie ist eine zweite Tatsacheninstanz. Die Sache wird dabei in der Regel völlig neuverhandelt. Sie ist nur gegen Urteile des Amtsgerichts (§ 312 StPO: »gegen Urteile des Strafrichters und der Schöffengerichte«) statthaft.

Wer entscheidet denn über Berufungen?

▶ Über derartige Berufungen entscheiden die kleinen Strafkammern, die mit einem Berufsrichter und zwei Schöffen besetzt sind. Die Berufung muss dabei nicht begründet werden. Legt lediglich der Angeklagte gegen das Urteil Berufung ein, dann gilt das Verbot der Verschlechterung (sog. reformatio in peius). Nach § 331 I StPO darf das Urteil aus der ersten Instanz dann in der Berufung nicht zum Nachteil des Angeklagten abgeändert werden, es kann in dem Fall also nur besser werden. Letzteres gilt entsprechend für die Revision (§ 358 II StPO).

Tipp: Diese Fragen kommen in jeder dritten mündlichen Prüfung vor. Der Unterschied zwischen Berufung und Revision muss im Schlaf beherrscht werden! Häufig auch eingekleidet in folgende Frage:

Was sind Rechtsbehelfe, was sind Rechtsmittel? Wodurch zeichnen sie sich aus?

▶ Ein Rechtsbehelf ist der Oberbegriff für ein von der Rechtsordnung zugelassenes Mittel, um eine behördliche oder gerichtliche Entscheidung anzugreifen. Ein Rechtsbehelf der StPO ist etwa der Einspruch gegen den Strafbefehl nach § 410 StPO.
Rechtsmittel sind eine spezielle Form von Rechtsbehelfen. Sie haben grundsätzlich zwei charakteristische Eigenschaften: Den Devolutiveffekt und den Suspensiveffekt.
Der Devolutiveffekt hat zur Folge, dass die Sache zur Entscheidung an ein Gericht höherer Instanz geht (iudex ad quem).
Der Suspensiveffekt hat zur Folge, dass die formelle Rechtskraft der Entscheidung hinausgeschoben wird.
Rechtsmittel der StPO sind die Beschwerde nach §§ 304 ff. StPO, die Berufung nach § 312 StPO und die Revision nach § 333 StPO.

Hinweis: Die Beschwerde hat grundsätzlich keine aufschiebende Wirkung, § 307 I StPO! Nur für einige Sachbereiche ordnet das Gesetz ausdrücklich eine aufschiebende Wirkung an, vgl. §§ 231a I, III 3, 454 I, III 2 StPO. Das Gericht kann aber im Einzelfall nach § 307 II StPO anordnen, dass die Vollziehung der angefochtenen Entscheidung auszusetzen ist.

Tipp: Rechtsbehelfe der ZPO sind etwa der Einspruch gegen ein Versäumnisurteil nach § 338 ZPO oder gegen den Vollstreckungsbescheid nach § 700 I iVm § 338 ZPO, die Vollstreckungserinnerung nach § 766 ZPO oder die Drittwiderspruchsklage nach § 771 ZPO. Rechtsmittel der ZPO sind die Berufung nach §§ 511 ff. ZPO, die Revision nach §§ 542 ff. ZPO und die Beschwerde nach §§ 567 ff. ZPO.

Was versteht man denn unter formeller Rechtskraft?

▶ Formelle Rechtskraft bedeutet, dass die Entscheidung nicht mehr mit einem Rechtsmittel angegriffen werden kann (= Unanfechtbarkeit). Sie tritt etwa bei Urteilen, gegen die Rechtsmittel oder Einspruch gegeben sind, mit Fristablauf ein (oder mit dem Verzicht beider Parteien auf Rechtsmittel/Einspruch).

Und was ist dann die materielle Rechtskraft im Zivil- und im Strafrecht?

▶ Die formelle Rechtskraft ist Voraussetzung für die materielle Rechtskraft. Materielle Rechtskraft bedeutet im Zivilrecht, dass die Entscheidung in jedem weiteren Verfahren, in dem die rechtskräftig festgestellte Rechtsfolge erheblich ist, maßgeblich und bindend ist, § 322 ZPO. Die materielle Rechtskraft erstreckt sich auf den Inhalt der Entscheidung und legt fest, in welchem Umfang das Gericht und die Parteien in einem neuerlichen, auf dem gleichen Lebenssachverhalt beruhenden Rechtsstreit um dieselbe Rechtsfolge an die rechtskräftige Entscheidung gebunden sind.
Im Strafrecht betrifft die materielle Rechtskraft die gegenwärtige und zukünftige Zulässigkeit von Sanktionen gegen denselben Täter wegen derselben Tat. Die wichtigste Wirkung der materiellen Rechtskraft ist der Verbrauch der Strafklage.

Sie tritt ein, wenn das Verfahren wegen der Tat, die Gegenstand des Verfahrens ist, vollständig abgeschlossen ist. Die Sperrwirkung des verfassungsrechtlich verbürgten Grundsatzes »ne bis in idem« (Art. 103 III GG) verbietet, dass jemand wegen einer Tat, für die er schon strafrechtlich zur Verantwortung gezogen worden ist, in einem neuen Strafverfahren erneut verfolgt wird. Die materielle Rechtskraft hat eine Doppelwirkung: das Vorliegen einer rechtskräftigen Entscheidung bildet ein Verfahrenshindernis und gewährt dem Bürger ein Prozessgrundrecht, nach einer rechtskräftig gerichtlichen Entscheidung in derselben Sache nicht erneut strafrechtlich belangt zu werden.

Welche Rechtsbehelfe stehen einem gegen ein rechtskräftiges Urteil zur Verfügung?

- Jeweils unter strengen Voraussetzungen: Die Wiederaufnahme des Verfahrens (§ 359 StPO) und die Verfassungsbeschwerde (Art. 93 I Nr. 4 lit. a GG).

Welche Rechtsmittel kennen Sie im Strafprozess?

- Neben der Berufung und der Revision: die Beschwerde nach §§ 304 ff. StPO (lesen!)

In welcher Frist sind Berufung und Revision einzulegen?

- Berufung und Revision müssen innerhalb einer Woche nachdem das Urteil verkündet wurde, eingelegt werden, §§ 314 I, 341 I StPO (sofern der Angeklagte bei der Verkündung anwesend war).

Bei wem muss die Berufung/Revision eingelegt werden?

- Beim iudex a quo, also dem Gericht, welches das Urteil erlassen hat, §§ 314 I, 341 I StPO.

Stellen Sie sich vor, Sie sind abends auf einer Party und trinken über den Durst. Auf dem Nachhauseweg fahren Sie mit dem Auto Schlangenlinien und werden von der Polizei angehalten. Was wird anschließend passieren?

- Die Polizei wird eine Blutentnahme nach § 81a StPO und die Beschlagnahme des Führerscheins veranlassen, wenn ein Verdacht auf Einziehung des Führerscheins besteht, § 94 III StPO iVm § 69 StGB. In diesem Fall ist auch mit einer vorläufigen Entziehung der Fahrerlaubnis durch den Richter gem. §§ 69 StGB, 111a I StPO zu rechnen. Wahrscheinlich werden auch die Fahrzeugschlüssel nach § 43 PolG NRW[18] sichergestellt.

Welche Beweisarten gibt es?

- Strengbeweis und Freibeweis.

Worin unterscheiden sich die beiden Beweisarten?

- Der Strengbeweis gilt in der Hauptverhandlung für die Schuld- und Straffrage. Beweismittel eines Strafverfahrens sind Zeugen (§§ 48 ff. StPO), Sachverständige (§§ 72–84 StPO) und Augenschein (§§ 86 ff. StPO), Urkunden und andere

18 **Korrespondierende Vorschriften in den anderen Bundesländern: Baden-Württemberg:** § 32 BWPolG, **Bayern:** Art. 25 PAG, **Berlin:** § 38 ASOG Bln, **Brandenburg:** § 25 BbgPolG, **Bremen:** § 23 BremPolG, **Hamburg:** § 14 HbgSOG, **Hessen:** § 40 HSOG, **Mecklenburg-Vorpommern:** § 61 SOG M-V, **Niedersachsen:** § 26 Nds. SOG, **Rheinland-Pfalz:** § 22 RhPfPOG, **Saarland:** § 21 SPolG, **Sachsen:** § 26 SächsPolG, **Sachsen-Anhalt:** § 45 SOG LSA, **Schleswig-Holstein:** § 210 SHLVwG, **Thüringen:** § 22 ThürOBG.

Schriftstücke (§§ 249 ff.), die Aussagen der Beschuldigten (§§ 136, 163a I, 243 V StPO) und der Mitbeschuldigten (vgl. zB § 251 I, II StPO), obwohl deren Aussagen streng genommen nicht zur Beweisaufnahme im prozesstechnischen Sinn gehören.
Der Freibeweis gilt für die Beweiserhebung außerhalb der Hauptverhandlung und für die Beweiserhebung in der Hauptverhandlung, soweit sie lediglich ein Verfahrenshindernis oder sonstige prozesserhebliche Tatsachen betrifft, zB die Eidesmündigkeit eines Zeugen. Nach dem Freibeweis kann das Gericht ohne Bindung an das förmliche Beweisverfahren und die gesetzlichen Beweismittel (Strengbeweis) alle Erkenntnisquellen, die ihm zur Verfügung stehen, zur Klärung der beweisbedürftigen Tatsachen heranziehen.

Sie sind Staatsanwalt. Angeklagt ist ein schwerer Bandendiebstahl im Supermarkt vor der großen Strafkammer des Landgerichts. In der Hauptverhandlung stellt sich heraus, dass der Angeklagte noch weitere Straftaten begangen hat, unter anderem einen bewaffneten Raubüberfall in einer Bäckerei. Was machen Sie?

▶ Es sollte eine Nachtragsanklage nach § 266 StPO erhoben werden.

Welche Voraussetzungen müssen dann vorliegen?

▶ (§ 266 StPO aufschlagen und lesen.) Es muss sich um eine andere Tat handeln, die nicht nur rechtlich selbstständig (§ 53 StGB) ist, sondern mit den angeklagten Taten auch nicht iSd § 264 StPO einen einheitlichen Lebenssachverhalt bildet (sonst wäre »diese Tat« ja bereits angeklagt und es bedürfte keiner weiteren Anklage). Daneben muss das Gericht zuständig sein und der Angeklagte muss zustimmen.

Wissen Sie, was Verfall und was Einziehung ist und wie sich beide unterscheiden?

▶ Der Verfall nach § 73 StGB dient dazu, die Vermögensvorteile abzuschöpfen, die ein Straftäter aus einer rechtswidrigen Tat erlangt hat. Beim Verfall gilt das Bruttoprinzip. Der Täter darf also von dem, was er aus der rechtswidrigen Tat erlangt hat, nicht die Aufwendungen abziehen, die ihm durch die Tat entstanden sind.

> **Beispiel:** Der Täter hat Heroin im Wert von 10.000 EUR an seine »Kunden« verkauft. Er kann jetzt nicht geltend machen, dass er für den Einkauf des Heroins selbst 1.000 EUR aufwenden musste. Vielmehr unterliegen die 10.000 EUR vollständig dem Verfall.

Die Einziehung nach § 74 StGB dient dazu, Gegenstände, die unmittelbar durch die Tat hervorgebracht sind (»producta sceleris«, zB gefälschte Urkunden) oder die zur Begehung oder Vorbereitung der Tat gebraucht worden oder bestimmt sind (»instrumenta sceleris«, zB die zur Tat verwendete Waffe), dem Täter zu entziehen. Durch die Einziehung geht nach § 74e StGB das Eigentum an der Sache oder das eingezogene Recht mit der Rechtskraft der Entscheidung auf den Staat über.
Nicht der Einziehung nach § 74 StGB unterliegen sog. Beziehungsgegenstände, die weder Tatmittel noch Tatprodukt, sondern notwendiger Gegenstand der Tat selbst sind, zB zum Zwecke eines Versicherungsbetruges versteckte Waffen oder das Kraftfahrzeug bei einem Fahren ohne Fahrerlaubnis. Diese Gegenstände können jedoch durch Sondervorschriften zu Einziehungsgegenständen werden.
Die Einziehung nach § 74 StGB setzt voraus, dass die Tat vorsätzlich begangen wurde. Der Täter oder Teilnehmer muss mindestens vermindert schuldfähig gewesen sein. Bei Rechtfertigungs- und Schuldausschließungsgründen scheidet § 74 StGB aus. Darin unterscheidet sich die Einziehung von dem Verfall nach

§ 73 StGB, bei dem nur eine rechtswidrige Tat ausreicht. Die Einziehung hat Sanktionscharakter und ist bei der Strafzumessung stets zu berücksichtigen.

Sie sind Staatsanwalt. Angeklagt ist ein Diebstahl nach § 242 I StGB. In der Hauptverhandlung stellt sich heraus, dass der Angeklagte bei dem Diebstahl einen geladenen Revolver bei sich trug. Was machen Sie?

▶ Eine Nachtragsanklage ist nicht nötig, da es sich prozessual um dieselbe Tat handelt. Der Angeklagte wird in diesem Fall lediglich einen rechtlichen Hinweis durch das Gericht erhalten (§ 265 StPO), dass auch eine Bestrafung aus § 244 I Nr. 1 lit. a StGB infrage kommt (unterstellt, dass dasselbe Gericht sachlich immer noch zuständig ist).

Nennen Sie einige Prozesshindernisse.

▶ Gesetzlich normierte Prozesshindernisse sind etwa die absolute Strafunmündigkeit des Beschuldigten nach § 19 StGB, der Umstand, dass der Beschuldigte bei einer Privatklage unter 18 Jahre alt ist (§ 80 JGG), der Eintritt der Verfolgungsverjährung nach § 78 I StGB sowie das Fehlen eines wirksamen Strafantrags oder sein späterer Wegfall bei der Verfolgung absoluter Antragsdelikte, das Verbot der Doppelverfolgung (Art. 103 III GG).

Tipp: Sie sollten sich vor der mündlichen Prüfung einmal die Aufzählung der Prozesshindernisse in der Einleitung im *Meyer-Goßner/Schmitt*, Strafprozessordnung, 55. Aufl. 2016, Einl. Rn. 144 anschauen.

Gilt der Grundsatz »ne bis in idem« absolut?

▶ Nein, er wird durchbrochen durch die Regelungen der Wiederaufnahme (§ 362 StPO) und gilt grundsätzlich nur in Bezug auf Verfahren/Strafen desselben Staates. Allerdings gilt gem. Art. 54 Schengener Durchführungsübereinkommen (SDÜ) und Art. 50 EU-Grundrechtecharta dieser Grundsatz im Geltungsbereich des Vertrages auch über die Binnengrenzen hinweg.

Welche Fristen sind in der StPO Notfristen?

▶ (**Achtung Fangfrage!**) Alle Fristen in der StPO sind Notfristen, werden aber – im Gegensatz zur ZPO – nicht so genannt.

Welche Arten von Strafen gibt es im Strafrecht?

▶ Im deutschen Strafrecht differenziert man zwischen Haupt- und Nebenstrafen, §§ 38 ff. StGB.

a) Hauptstrafen sind die Freiheits- (§§ 38, 39 StGB) und die Geldstrafe (§§ 40 ff. StGB). Im Jugendstrafrecht gibt es zusätzlich noch die Jugendstrafe nach §§ 17 ff. JGG und im Wehrstrafrecht den Strafarrest nach §§ 9 ff. WStG.

b) Die einzige Nebenstrafe im StGB ist das Fahrverbot nach § 44 StGB.

Was ist eine lebenslange Freiheitsstrafe?

▶ Unter einer lebenslangen Freiheitsstrafe versteht man in Deutschland einen Freiheitsentzug auf unbestimmte Zeit – mindestens aber für 15 Jahre. Danach kann der Rest der Strafe auf Bewährung ausgesetzt werden, § 57a StGB. Die lebenslange Freiheitsstrafe wird in § 38 I StGB als Ausnahme der zeitigen Freiheitsstrafe definiert, da ihre Dauer unbestimmt ist. Nach dem Bundesverfassungsgericht muss einem Verurteilten aber die grundsätzliche Möglichkeit eingeräumt werden, irgendwann die Freiheit wiederzuerlangen. Allein die Möglichkeit der Begnadigung reicht dazu nicht aus. Das folge aus dem Rechtsstaatsprinzip und der Menschenwürde.

Worin unterscheiden sich das Fahrverbot und die Entziehung der Fahrerlaubnis?

▶ Das Fahrverbot nach § 44 StGB ist eine Nebenstrafe und orientiert sich an der Schuld des Angeklagten.
Die Entziehung der Fahrerlaubnis nach § 69 StGB ist eine Maßregel der Besserung und Sicherung und orientiert sich an der künftigen Sozialgefährlichkeit des Täters. Sie setzt keine schuldhaft begangene, sondern lediglich eine rechtswidrige Tat voraus und ist ein rein präventives Instrument zum Schutz der Sicherheit des Straßenverkehrs.

Wie wird eine Geldstrafe verhängt?

▶ In Tagessätzen, § 40 I StGB.

Wonach bestimmt sich die Höhe des Tagessatzes?

▶ Die Höhe eines Tagessatzes bestimmt das Gericht unter Berücksichtigung der persönlichen und wirtschaftlichen Verhältnisse des Täters. Dabei geht es in der Regel von dem Nettoeinkommen aus, das der Täter durchschnittlich an einem Tag hat oder haben kann, § 40 StGB.

Warum darf bei Jugendlichen keine Freiheitsstrafe unter sechs Monaten verhängt werden, § 18 JGG? Und warum sollen bei Erwachsenen nur ausnahmsweise Strafen unter sechs Monaten verhängt werden, § 47 StGB?

▶ Bei der Bestrafung von Jugendlichen steht der Erziehungsgedanke im Vordergrund. Die Anwendung des Jugendstrafrechts soll vor allem erneuten Straftaten eines Jugendlichen entgegenwirken. Um dieses Ziel zu erreichen, sind die Rechtsfolgen und das Verfahren unter Beachtung des elterlichen Erziehungsrechts vorrangig am Erziehungsgedanken auszurichten. Dafür sind nach Ansicht des Gesetzgebers aber mindestens sechs Monate erforderlich.
Erwachsene hingegen sollen bei Vorliegen von geringer Kriminalität nicht aus ihren sozialen Verflechtungen gerissen werden und in ein kriminelles Umfeld gelangen.

Was machen Sie als Richter, wenn der eine Angeklagte Berufung und der andere Revision einlegt?

▶ § 335 III StPO: Der Antrag wird für beide als Berufung behandelt. Denn sonst würde ein Angeklagter eine Tatsacheninstanz verlieren.

Stellen Sie sich vor, wenn Sie gleich aus der Prüfung kommen, verüben Sie einen Diebstahl. In elf Jahren werden Sie erst gefasst. Welches Recht wird dann zur Anwendung kommen?

▶ § 2 I und II StGB: Es wird das Recht zur Anwendung kommen, welches bei Beendigung der Tat gilt (sofern der Diebstahl nicht mittlerweile milder bestraft wird, dann gilt § 2 III StGB).

Woraus folgt das?

▶ Aus dem Rückwirkungsverbot nach Art. 103 II GG. Die Tathandlung muss schon damals strafbar gewesen sein, denn die Person muss zum Zeitpunkt der Tat wissen, ob sie bestraft werden kann oder nicht.

Gilt das auch für das Prozessrecht?

- Nein, in diesem Fall findet das Recht Anwendung, welches zum Zeitpunkt der Verhandlung gilt. Art. 103 II GG betrifft nur die materielle Strafandrohung, nicht aber die Verfolgung der Straftat.

Bilden Sie bitte einen möglichen Tenor für die Entziehung der Fahrerlaubnis (nach §§ 69, 69a StGB).

- »Dem Angeklagten wird die Fahrerlaubnis entzogen. Sein Führerschein wird eingezogen. Vor Ablauf von x Monaten darf ihm die Verwaltungsbehörde keine neue Fahrerlaubnis erteilen.«

! **Tipp:** Solche Tenorierungen werden häufig abgefragt, nicht nur im Strafrecht. Sie sollten sich also für Ihre mündliche Prüfung noch einmal die möglichen Tenorierungen anschauen.

Worin unterscheidet sich die Aussetzung einer Verhandlung von der Unterbrechung einer Verhandlung?

- Unter einer Aussetzung der Verhandlung versteht man jedes Abbrechen der Verhandlung mit der Folge, dass die Hauptverhandlung erneut zu beginnen ist.
  Bei der Unterbrechung handelt es sich um einen verhandlungsfreien Zeitraum nach dem dieselbe Hauptverhandlung wieder fortgesetzt wird. Nach § 229 I StPO kann die Unterbrechung bis zu drei Wochen betragen. Eine Hauptverhandlung darf bis zu einem Monat unterbrochen werden, wenn sie davor jeweils an mindestens zehn Tagen stattgefunden hat, § 229 II StPO.

Ein Mann hat seine Frau schwer misshandelt. Was kann die Frau nun rechtlich alles unternehmen? Was raten Sie ihr?

- (Eine häufige Übergangsfrage zwischen Straf- und Zivilrecht oder Straf- und öffentlichem Recht). Die Frau kann zivilrechtlich, strafrechtlich und öffentlich-rechtlich gegen ihren Mann vorgehen:
  a) **Zivilrechtlich:** Möglich ist eine einstweilige Verfügung nach § 1 Gewaltschutzgesetz, Schmerzensgeld nach §§ 823 I, 253 I, II BGB. Sie kann ihren Mann auch auf Unterlassung nach §§ 1004, 823 BGB verklagen.
  b) **Strafrechtlich:** Die Frau kann Strafantrag nach §§ 223, 230 StGB (bzw. § 224 StGB) bei der Staatsanwaltschaft, der Polizei oder den Amtsgerichten stellen (§ 158 I StPO) und im Verfahren als Nebenklägerin auftreten, § 395 I Nr. 3 StPO. Die vermögensrechtlichen Ansprüche kann sie auch mittels Adhäsionsantrages im Strafverfahren geltend machen, § 403 StPO.
  c) **Öffentlich-rechtlich:** Die Polizei kann zudem den Mann nach § 34a PolG NRW[19] der Wohnung verweisen und ein Rückkehrverbot verhängen.

Im Fernsehen lief gestern Richterin Ruth Hertz, die Jugendrichterin. Sie verhandelte vor Publikum. Geht das?

- Das kommt darauf an, wie alt die Angeklagten sind: Richtet sich das Verfahren gegen Personen, die zur Tatzeit Jugendliche sind (§ 1 II JGG: Personen, die zum

19 **Korrespondierende Vorschriften in den anderen Bundesländern: Baden-Württemberg:** § 27a BWPolG, **Bayern:** Art. 16 PAG, **Berlin:** § 29a ASOG Bln, **Brandenburg:** § 16a BbgPolG, **Bremen:** § 14a BremPolG, **Hamburg:** § 12b HbgSOG, **Hessen:** § 31 HSOG, **Mecklenburg-Vorpommern:** § 52 SOG M-V, **Niedersachsen:** § 17 Nds. SOG, **Rheinland-Pfalz:** § 13 RhPfPOG, **Saarland:** § 12 SPolG, **Sachsen:** § 21 SächsPolG, **Sachsen-Anhalt:** § 36 SOG LSA, **Schleswig-Holstein:** § 201a SHLVwG, **Thüringen:** § 17 ThürOBG.

Tatzeitpunkt 14 aber noch nicht 18 Jahre alt sind) ist die Verhandlung nach § 48 I JGG nichtöffentlich. Die Nichtöffentlichkeit soll eine Atmosphäre begünstigen, die dem Erziehungsgedanken Rechnung trägt.
Gegen zur Tatzeit Heranwachsende (§ 1 II JGG: Personen, die zur Tat 18 aber noch nicht 21 Jahre alt sind) ist die Verhandlung dagegen grundsätzlich öffentlich. Es kann aber sein, dass die Nichtöffentlichkeit im Interesse des Heranwachsenden geboten ist. In diesem Fall kann die Öffentlichkeit ausgeschlossen werden, § 109 I 4 JGG.

(Ein Richter stellt die folgende Frage:) Letzte Woche erschien in meiner Sitzung ein Strafverteidiger mit Jeans und einem offenen, schmutzigen Hemd. Eine Robe wollte er auch nach Aufforderung nicht anziehen. Was hätten sie an meiner Stelle gemacht?

▶ Man könnte zunächst über eine Maßnahme nach § 176 iVm 178 GVG (Ordnungsgeld oder Ordnungshaft) nachdenken. Das scheitert aber daran, dass der Strafverteidiger in dieser Norm nicht genannt ist. Man könnte jetzt über eine Analogie des § 178 GVG nachdenken.

Was braucht man denn für eine Analogie?

▶ Eine planwidrige Regelungslücke und eine vergleichbare Interessenlage.

Und wie sieht das hier aus?

▶ Gegen eine planwidrige Regelungslücke könnte man hier zunächst den eindeutigen Wortlaut der §§ 177, 178 GVG anführen, die den Verteidiger als eine der Personen, gegen die eine Maßnahme nach diesen Vorschriften erlassen werden könnte, gerade nicht nennt.

Was könnte noch gegen eine Analogie sprechen?

▶ Eine Analogie könnte auch vor dem Hintergrund des Art. 104 GG sehr zweifelhaft sein. Es erscheint in diesem grundrechtssensiblen Bereich nötig, dass der Gesetzgeber durch ein förmliches Gesetz dafür Sorge trägt, dass die Durchführung der Hauptverhandlung nicht an einem ungehörigen Verhalten des Verteidigers scheitert.

Was hätte ich also in diesem Fall nur machen können?

▶ Die Sitzung hätte vertagt werden können. Zudem könnte man über eine Beschwerde bei der Rechtsanwaltskammer nachdenken. Schließlich ist ein solches Verhalten standeswidrig. Praktisch können Strafverteidiger bei einem Verstoß gegen § 20 BORA von der Sitzung ausgeschlossen und (falls nötig) ein neuer Pflichtverteidiger bestellt werden. Solche Entscheidungen kamen schon vor und werden selbst vom BVerfG gehalten.

Wie wird man Richter am Bundesgerichtshof? Wo ist das geregelt?

▶ In § 125 GVG iVm Art. 95 GG. Die Richter werden durch den Bundesminister der Justiz gemeinsam mit dem Richterwahlausschuss nach dem Richterwahlgesetz berufen und vom Bundespräsidenten ernannt.

Wer sitzt denn im Richterwahlausschuss?

▶ Der Richterwahlausschuss setzt sich aus den 16 jeweils zuständigen Landesministerinnen und Landesministern sowie 16 vom Bundestag gewählten Mitgliedern zusammen, die in der Regel, aber nicht zwingend, Bundestagsabgeordnete sind. Den Vorsitz führt der Bundesminister der Justiz.

Ab wann kann man Richter am Bundesgerichtshof werden?

- § 125 II GVG: man muss das 35. Lebensjahr vollendet haben.

Wie viele Strafsenate gibt es beim Bundesgerichtshof?

- Fünf, mit arabischen Zahlen durchnummeriert.

Und wie viele Zivilsenate gibt es beim Bundesgerichtshof?

- Zwölf, mit römischen Zahlen durchnummeriert.

Gibt es noch andere Senate?

- Ja, es gibt noch acht Spezialsenate, die hauptsächlich für Entscheidungen des Berufsrechts in der Rechtspflege zuständig sind, zB den Senat für Anwaltssachen oder den Senat für Notarsachen.

Wie sind die Senate besetzt?

- Die Senate haben je einen Vorsitzenden und weitere sechs bis acht Mitglieder. An den einzelnen Entscheidungen der Senate sind aber nicht immer alle Mitglieder beteiligt, sondern die Richter arbeiten in sog. Sitzgruppen, sodass Revisionsentscheidungen immer durch den Vorsitzenden und vier Beisitzer aus dem Kreis der weiteren Mitglieder getroffen werden, § 139 I GVG.

Was macht eigentlich ein Berichterstatter?

- Der Berichterstatter ist hauptsächlich dafür zuständig, die Beratung und Entscheidung des Spruchkörpers, zB einer Kammer am Landgericht, vorzubereiten, § 21g GVG. Zu diesem Zweck verfasst er in der Regel ein Votum. Es beginnt mit einer kurzen Darstellung des Sachverhalts, gegliedert in streitige und unstreitige Tatsachen. Das Votum endet mit einem Entscheidungsvorschlag. In aller Regel verfasst der Berichterstatter auch die schriftliche Urteilsbegründung.

Welche Pflichten hat ein Zeuge?

- Erscheinen, grundsätzlich Aussagen (Ausnahme: Zeugnisverweigerungsrecht, §§ 52 ff. StPO/Auskunftsverweigerungsrecht, § 55 StPO) und Beeiden, §§ 48 ff. StPO.

Was machen Sie als Richter, wenn ein ordnungsgemäß geladener Zeuge nicht kommt?

- Sofern keine Ausnahmen nach § 51 II StPO vorliegen (etwa das Ausbleiben wird rechtzeitig genug entschuldigt), werden dem Zeugen die durch das Ausbleiben verursachten Kosten auferlegt. Zugleich wird gegen ihn ein Ordnungsgeld und für den Fall, dass dieses nicht beigetrieben werden kann, Ordnungshaft festgesetzt. Der Zeuge kann auch zwangsweise vorgeführt werden, § 51 StPO.

Wer entscheidet über die Aussetzung der Vollstreckung einer Reststrafe?

- Die Strafvollstreckungskammer nach § 462a StPO.

Das Notwehrrecht wird häufig auch als »scharfes Schwert« bezeichnet. Warum ist das so?

- Bei der Notwehr nach § 32 StGB findet – anders als etwa bei dem Notstand nach § 34 StGB – grundsätzlich keine Güterabwägung statt. In einer Notwehrlage kann daher grundsätzlich auch ein Rechtsgut (zB Eigentum) auf Kosten eines höherwertigen Rechtsgutes (zB Leben) verteidigt werden.

Beispiel: Schuss auf einen Dieb, der ein Smartphone stehlen will. Grund dieser strengen Handhabung ist das Rechtsbewährungsprinzip. Es besagt, dass der in Notwehr Handelnde dazu beiträgt, die Rechtsordnung zu verteidigen (»Das Recht braucht dem Unrecht nicht zu weichen«).

Einschränkungen werden jedoch auf der Ebene der Gebotenheit gemacht. Dies ist etwa dann der Fall, wenn der Angreifer erkennbar schuldunfähig ist oder ein krasses Missverhältnis zwischen dem angegriffenen Rechtsgut und der durch die Verteidigungshandlung drohenden Rechtsgutverletzung besteht (etwa Schüsse auf den Besucher eines Biergartens, der einen Bierkrug stehlen will).

14. Teil. Beliebte Fragen aus dem öffentlichen Recht

Instanzenzug und Zuständigkeit der Gerichte im Verwaltungsprozess:

Verwaltungsgericht:

→ Besetzung: Drei Berufsrichter und zwei ehrenamtliche Richter, sofern die Sache nicht auf den Einzelrichter übertragen wurde, § 5 III VwGO.

→ Als erste Instanz gem. § 45 VwGO zuständig für Streitigkeiten, für die der Verwaltungsrechtsweg offensteht.

Berufung, sofern diese vom VG zugelassen wird oder der Antrag auf Zulassung der Berufung vor dem OVG erfolgreich ist, vgl. §§ 124, 124a VwGO

Sprungrevision unter den Voraussetzungen der §§ 134, 135 VwGO

Oberverwaltungsgericht:

→ Besetzung: Grds. drei Berufsrichter, vgl. § 9 VwGO.

→ Als zweite Instanz gem. § 46 VwGO zuständig für

a) Berufungen gegen Urteile des Verwaltungsgerichts;
b) Beschwerden gegen Entscheidungen des Verwaltungsgerichts.

Revision, sofern diese vom OVG zugelassen wird oder der Antrag auf Zulassung der Revision vor dem BVerwG erfolgreich ist, vgl. §§ 132 ff. VwGO

Oberverwaltungsgericht:

→ Besetzung: Grds. drei Berufsrichter, vgl. § 9 VwGO.

→ Als erste Instanz nach §§ 47, 48 VwGO zuständig für

a) Verfahren, die bestimmte in § 48 I VwGO genannte technische Großprojekte zum Gegenstand haben;
b) für die Entscheidung über Klagen, die von einer obersten Landesbehörde nach § 3 II Nr. 1 VereinsG ausgesprochenen Vereinsverbote und nach § 8 II 1 VereinsG erlassenen Verfügungen;
c) die Entscheidung über die Gültigkeit von Satzungen, die nach den Vorschriften des Baugesetzbuches erlassen worden sind sowie von Rechtsverordnungen aufgrund des § 246 II BauGB sowie von anderen im Rang unter dem Landesgesetz stehenden Rechtsvorschriften, sofern das Landesrecht das bestimmt; § 47 VwGO.

Revision, sofern diese vom OVG zugelassen wird oder der Antrag auf Zulassung der Revision vor dem BVerwG erfolgreich ist, vgl. §§ 132 ff. VwGO.

Bundesverwaltungsgericht:

→ Besetzung: Grds. fünf Berufsrichter. Bei Beschlüssen außerhalb der mündlichen Verhandlung drei Berufsrichter, § 10 III VwGO.

→ Nach § 50 VwGO erste und letzte Instanz bei Bund-Länder-Streitigkeiten, Klagen gegen die vom Bundesminister des Innern ausgesprochenen Vereinsverbots etc. (§ 50 VwGO lesen!).

→ Nach § 49 VwGO zuständig für das Rechtsmittel

a) der Revision gegen Urteile des OVG nach § 132 VwGO;
b) der Revision gegen Urteile des Verwaltungsgerichts nach §§ 134, 135 VwGO;
c) der Beschwerde nach § 99 II VwGO und § 133 I VwGO sowie nach § 17a IV 4 GVG.

Die Prüfungsprotokolle zeigen, dass im öffentlichen Recht häufig typische Standardfälle aus den klassischen Rechtsgebieten abgefragt werden. Der Prüfer möchte wissen, ob die Prüflinge die Grundstrukturen des öffentlichen Rechts verstanden haben und praktisch anwenden können.
Häufig geht es um die Grundstrukturen des

- Allgemeinen Verwaltungsrechts
- Polizei- und Ordnungsrechts (inkl. Versammlungsrechts)
- Baurechts

Auch gewerberechtliche und straßenrechtliche Fälle werden vereinzelt abgefragt. »Na und was sind jetzt die Grundstrukturen?« werden wohl die meisten von Ihnen denken.

Die Auswertung der Prüfungsprotokolle hat gezeigt, dass folgende Themen zu den »All-Time-Favourites« der Prüfer in der mündlichen Prüfung gehören:

1. **Allgemeines Verwaltungsrecht:**
   - Aufhebung und Widerruf von Verwaltungsakten (*Kaiser/Köster/Seegmüller*, Materielles Öffentliches Recht im Assessorexamen, 3. Aufl. 2015, Rn. 14 ff.).
   - Rechtsschutz gegen Nebenbestimmungen (*Kaiser/Köster/Seegmüller*, Materielles Öffentliches Recht im Assessorexamen, 3. Aufl. 2015, Rn. 37 ff.).
   - Sehr häufig (!) wird einstweiliger Rechtsschutz abgeprüft, in den allermeisten Fällen § 80 V VwGO. Wiederholen Sie dazu *Kaiser/Köster*, Die öffentlichrechtliche Klausur im Assessorexamen, 3. Aufl. 2014, Rn. 302 ff.

2. **Baurecht:**
   - Rechtsschutz gegen die Versagung einer Baugenehmigung: Standard-Fall: Jemand will für sein Vorhaben (zB Kneipe im Wald, Gartenhäuschen, Pferdestall etc.) eine Baugenehmigung. Bekommt er diese? (*Kaiser/Köster/Seegmüller*, Materielles Öffentliches Recht im Assessorexamen, 3. Aufl. 2015, Rn. 140 ff.).
   - (Vorläufiger) Rechtsschutz im baurechtlichen Nachbarstreit (*Kaiser/Köster/Seegmüller*, Materielles Öffentliches Recht im Assessorexamen, 3. Aufl. 2015, Rn. 166 ff.).
   - Rechtsschutz gegen bauordnungsrechtliche Verfügungen (*Kaiser/Köster/Seegmüller*, Materielles Öffentliches Recht im Assessorexamen, 3. Aufl. 2015, Rn. 178 ff.).
   - Baurecht im Außenbereich: Beispielsweise jemand will seinen alten Bauernhof im Außenbereich in ein Wochenendhaus umbauen lassen. (*Kaiser/Köster/Seegmüller*, Materielles Öffentliches Recht im Assessorexamen, 3. Aufl. 2015, Rn. 152 ff.).
   - Es wäre schlecht investierte Zeit, wenn Sie sich den Rechtsschutz gegen Bauleitpläne vertieft anschauen würden. Die Überprüfung der Rechtmäßigkeit eines Bebauungsplanes eignet sich denkbar schlecht für eine mündliche Prüfung.

3. **Polizei- und Ordnungsrecht:**
   - Rechtsschutz gegen polizeiliche Einzelmaßnahmen (zB offene Videoüberwachung, Gefährderansprachen bzw. Gefährderanschreiben, Wohnungsverweisung etc.) (*Kaiser/Köster/Seegmüller*, Materielles Öffentliches Recht im Assessorexamen, 3. Aufl. 2015, Rn. 87 ff.).

- Rechtsschutz gegen Gefahrenabwehrverordnungen (zB Kampfhundbesitzer A wehrt sich gegen die Maulkorbpflicht, die sich aus einer Rechtsverordnung ergibt) (*Kaiser/Köster/Seegmüller*, Materielles Öffentliches Recht im Assessorexamen, 3. Aufl. 2015, Rn. 118 ff.).
- Rechtmäßigkeit von Kostenbescheiden/Kenntnis der Abschleppfälle (*Kaiser/Köster/Seegmüller*, Materielles Öffentliches Recht im Assessorexamen, 3. Aufl. 2015, Rn. 74 ff.).
- Anwendungsbereich des Versammlungsgesetzes und Ermächtigungsgrundlagen im Versammlungsrecht (*Kaiser/Köster/Seegmüller*, Materielles Öffentliches Recht im Assessorexamen, 3. Aufl. 2015, Rn. 120 ff.).

4. Gewerberecht:
- Differenzierung der verschiedenen Gewerbearten (stehendes Gewerbe, Reisegewerbe, Marktgewerbe) (*Kaiser/Köster/Seegmüller*, Materielles Öffentliches Recht im Assessorexamen, 3. Aufl. 2015, Rn. 208 ff.).
- Welche Verfügungen sind bei den einzelnen Gewerbearten anwendbar? Untersagungsverfügung, Schließungsverfügung etc. (*Kaiser/Köster/Seegmüller*, Materielles Öffentliches Recht im Assessorexamen, 3. Aufl. 2015, Rn. 208 ff.).

5. Kommunalrecht:
- Bürgerbegehren (*Kaiser/Köster/Seegmüller*, Materielles Öffentliches Recht im Assessorexamen, 3. Aufl. 2015, Rn. 232).
- Kommunalverfassungsstreit (*Kaiser/Köster/Seegmüller*, Materielles Öffentliches Recht im Assessorexamen, 3. Aufl. 2015, Rn. 235).

Sie sollten vor der mündlichen Prüfung auch die besonderen gerichtlichen Entscheidungsformen im öffentlichen Recht (zB Entscheidung durch Gerichtsbescheid gem. § 84 VwGO, Entscheidung ohne mündliche Verhandlung nach § 101 II VwGO) noch einmal wiederholen. Lesen Sie dazu *Kaiser/Köster*, Die öffentlich-rechtliche Klausur im Assessorexamen, 3. Aufl. 2014, Rn. 87 ff., 263 ff.

Darüber hinaus werden vielfach auch die Standard-Definitionen der wichtigsten Tatbestandsmerkmale bei der Falllösung abgefragt. Im Polizei- und Ordnungsrecht sind das etwa die folgenden:

- **Die öffentliche Sicherheit:** Die öffentliche Sicherheit umfasst den Schutz des Staates, seiner Einrichtungen und Veranstaltungen, den Schutz privater Rechte und Rechtsgüter und den Schutz der objektiven Rechtsordnung.
- **Die öffentliche Ordnung:** Die öffentliche Ordnung umfasst alle ungeschriebenen Regelungen, die für ein gedeihliches und friedfertiges Zusammenleben unerlässlich sind.
- **Gefahr:** Eine Gefahr liegt vor, wenn es aus der Sicht eines objektiven Betrachters in der Lage des handelnden Beamten bei ungehindertem Geschehensablauf in absehbarer Zeit mit hinreichender Wahrscheinlichkeit zu einem nicht völlig belanglosen Schaden für die öffentliche Sicherheit oder Ordnung kommt.
- **Abstrakte Gefahr:** Eine abstrakte Gefahr liegt vor, wenn eine Sachlage vorliegt, die nach der allgemeinen Lebenserfahrung oder nach den Erkenntnissen fachkundiger Stellen im Falle ihres Eintritts eine konkrete Gefahr begründet.

(Ihr ist mit abstrakt-generellen Mitteln, also mit dem Erlass einer ordnungsbehördlichen Verordnung nach § 25 ff. NRWOBG[20] [zB Maulkorbverordnung] beizukommen.)

- **Konkrete Gefahr:** Eine konkrete Gefahr liegt vor, wenn im Einzelfall eine Situation vorliegt, bei der es bei ungehindertem Geschehensablauf mit hinreichender Wahrscheinlichkeit in absehbarer Zeit zu einem nicht völlig belanglosen Schaden für die öffentliche Sicherheit oder Ordnung kommt.
- **Anscheinsgefahr:** Eine Anscheinsgefahr liegt vor, wenn im Entscheidungszeitpunkt konkrete Anhaltspunkte für das Bestehen einer Gefahr vorliegen, sich aber im Nachhinein herausstellt, dass eine Gefahr tatsächlich nicht vorlag. Wenn ein Prüfer diese Definition abfragt, will er meist wissen, ob die Anscheinsgefahr auch eine Gefahr iSd Polizeirechts, also zB iSd § 8 I PolG NRW[21] ist. Das ist natürlich der Fall. Die weiteren Probleme folgen dann auf Sekundärebene (Kostenpflicht, wenn ein Anscheinsstörer den Anschein nach einer ex post-Betrachtung zurechenbar veranlasst hat, Entschädigungsanspruch des Bürgers).
- **Gefahrenverdacht:** Ein Gefahrenverdacht liegt vor, wenn der handelnde Beamte Anhaltspunkte dafür hat, dass eine Gefahr vorliegt. Ihm ist aber bewusst, dass er nicht über das erforderliche Wissen verfügt, um einen Schaden mit dem erforderlichen Grad an Wahrscheinlichkeit zu prognostizieren.

Und im Gaststätten- und Gewerberecht der Begriff der »Unzuverlässigkeit«.

Unzuverlässig: Unzuverlässig ist derjenige, der nach dem Gesamteindruck seines Verhaltens keine Gewähr dafür bietet, dass er in Zukunft sein Gewerbe entsprechend der gesetzlichen Vorschriften ausüben wird (ein Verschulden ist nicht erforderlich).

Auch die Grundrechte werden ebenfalls häufig geprüft, allerdings eher oberflächlich. Die Prüfer wollen meist kurz die entscheidenden »Signalwörter«, etwa die Drei-Stufen-Theorie, hören (und kurz erklärt haben) und sind dann zufrieden. »Sitzen« sollten daher insbesondere die Art. 3, 4, 5 I (Meinungsfreiheit), 8, 12 und 14 GG. Für eine »normale« mündliche Prüfung wird es daher vollkommen ausreichen, wenn Sie die letzten zehn Seiten im *Kaiser/Köster/Segmüller*, Materielles Öffentliches Recht im Assessorexamen, 3. Aufl. 2015, wiederholen (Rn. 283–291). Nur wenn sich aus den Protokollen ergeben sollte, dass ihr Prüfer eine besondere Affinität zu den Grundrechten hat und diese in der Prüfung an Ihnen ausleben will, sollten Sie ein Lehrbuch zu den Grundrechten zur Hand nehmen.

---

20 Respektive einer »Polizeiverordnung« in den Ländern in denen Polizei- und Ordnungsverwaltung begrifflich und organisatorisch nicht getrennt sind (Baden-Württemberg, Bremen, Saarland, Sachsen): korrespondierende Vorschriften: **Baden-Württemberg:** §§ 10 ff. BWPolG, **Bayern:** Art. 42 ff. LStVG, **Berlin:** §§ 55 ff. ASOG Bln, **Brandenburg:** §§ 24 ff. BbgOBG, **Bremen:** §§ 48 ff. BremPolG, **Hamburg:** §§ 1 f. HbgSOG, **Hessen:** §§ 71 ff. HSOG, **Mecklenburg-Vorpommern:** §§ 17 ff. SOG M-V, **Niedersachsen:** §§ 54 ff. Nds. SOG, **Rheinland-Pfalz:** §§ 43 ff. RhPfPOG, **Saarland:** §§ 59 ff. SPolG, **Sachsen:** §§ 9 ff. SächsPolG, **Sachsen-Anhalt:** §§ 93 ff. SOG LSA, **Schleswig-Holstein:** § 175 LVwG, **Thüringen:** §§ 27 ff. ThürOBG.

21 **Korrespondierende Vorschriften in den anderen Bundesländern: Baden-Württemberg:** §§ 1 I, 3 BWPolG, **Bayern:** Art. 11 I PAG, **Berlin:** § 17 I ASOG Bln, **Brandenburg:** § 10 I BbgPolG, **Bremen:** §§ 1 I, 10 I 1 BremPolG, **Hamburg:** § 3 I HbgSOG, **Hessen:** § 11 HSOG, **Mecklenburg-Vorpommern:** §§ 13, 16 SOG M-V, **Niedersachsen:** § 11 Nds. SOG, **Rheinland-Pfalz:** § 9 I 1 RhPfPOG, **Saarland:** § 8 I SPolG, **Sachsen:** §§ 1 I, 3 I SächsPolG, **Sachsen-Anhalt:** § 13 SOG LSA, **Schleswig-Holstein:** §§ 174, 176 LVwG, **Thüringen:** § 12 I ThürPAG.

Welche Verfahrensmaximen des Verwaltungsprozesses kennen Sie? Was bedeuten diese im Einzelnen? Wo sind sie normiert?

- **Dispositionsmaxime:**
  Das Verwaltungsgericht wird – anders als im Strafprozess (dort gilt ja das Offizialprinzip nach § 152 I StPO) – nicht von Amts wegen, sondern nur auf Antrag tätig. Es darf dem Kläger nichts zusprechen, was dieser nicht beantragt hat, § 88 VwGO. Diese Norm bindet das Gericht aber nicht sklavisch an die Fassung der Anträge. Vielmehr ermöglicht sie ihm im Zusammenspiel mit der richterlichen Hinweispflicht nach § 86 III VwGO, den wahren Willen der Beteiligten bzw. deren Rechtsschutzziel zu ergründen. Wie im Zivilprozess gilt aber auch im Verwaltungsprozess die Dispositionsmaxime. Sie sichert den Parteien die Befugnis zu, über den Streitgegenstand zu verfügen. So macht etwa der Kläger einen Rechtsstreit durch eine Klage anhängig, § 81 VwGO. Durch eine Klageänderung nach § 91 VwGO kann er die Klagerichtung ändern und durch eine Klagerücknahme nach § 92 VwGO den Rechtsstreit beenden. Der Rechtsstreit kann auch durch einen Prozessvergleich nach § 106 VwGO oder eine beiderseitige Erledigungserklärung nach § 161 II VwGO im Einvernehmen der Beteiligten beendet werden.

  Untersuchungsgrundsatz:
  Das Verwaltungsgericht erforscht den Sachverhalt unter Heranziehung der Beteiligten von Amts wegen, § 86 I VwGO. Es ist dabei an das Vorbringen und die Beweisanträge der Beteiligten nicht gebunden. Allerdings haben auch die Beteiligten Mitwirkungspflichten. Dem Untersuchungsgrundsatz kommt aber gegenüber diesen Mitwirkungspflichten der Vorrang zu, § 86 I 2 VwGO. Damit trägt das Verwaltungsgericht als Tatsachengericht die Letztverantwortung für die Aufklärung des Sachverhalts. Dabei kann es Fristen setzen, nach deren fruchtlosem Ablauf es verspätetes Vorbringen nicht mehr berücksichtigen muss, vgl. § 87b VwGO.

  Mündlichkeitsgrundsatz:
  Das Verwaltungsgericht entscheidet nach § 101 I VwGO aufgrund einer mündlichen Verhandlung. Wenn die Beteiligten einverstanden sind oder es sich bei der Entscheidung nicht um ein Urteil handelt, kann das Gericht aber auch ohne mündliche Verhandlung entscheiden, § 101 II, III VwGO.

  Beschleunigungsgrundsatz:
  Ein Verwaltungsverfahren soll rasch durchgeführt werden. Dies kommt vor allem in den besonderen Befugnissen des Vorsitzenden bzw. des berichterstattenden Richters in § 86 III, IV und § 87 VwGO zum Ausdruck. Nach diesen Normen soll der Richter auf eine zügige Erledigung des Verfahrens hinwirken (Normen lesen!).

  Anspruch auf rechtliches Gehör:
  Nach Art. 103 I GG hat jedermann vor Gericht Anspruch auf rechtliches Gehör. Die Beteiligten haben ein Recht darauf, angemessen über das Verfahren und seinen Verlauf informiert zu werden und zu den Äußerungen der anderen Beteiligten und des Gerichts Stellung nehmen zu können. Das Gericht hat danach alle Beteiligten jederzeit über den Verfahrensstand zu unterrichten, Abschriften der eingereichten Schriftsätze an diese weiterzuleiten und muss ebenfalls rechtzeitig zu Beweis- und Erörterungsterminen sowie zur mündlichen Verhandlung laden.

Das Gericht darf auch nur solche Tatsachen und Beweisergebnisse in die Urteilsfindung einfließen lassen, zu denen sich die Beteiligten äußern konnten, § 108 II VwGO. Des Weiteren muss es die Streitsache mit den Beteiligten nicht nur tatsächlich, sondern auch rechtlich erörtern, § 104 I VwGO.

Grundsatz der Verfahrensgleichheit und Fairness:
Das Verwaltungsgericht muss allen Verfahrensbeteiligten neutral und unbefangen gegenüberstehen. Es hat die zwischen den Beteiligten bestehende »Waffengleichheit« zu wahren. Aufgrund der gerichtlichen Fürsorgepflicht nach § 88 VwGO hat es dafür zu sorgen, dass auch jemand, der vor Gericht unerfahren ist, seine Position ungehindert und effektiv vortragen kann. Daher ist das Verwaltungsgericht an die von den Beteiligten formulierte Fassung ihrer Anträge nicht gebunden. Es muss ggf. darauf hinwirken, dass unklare Anträge erläutert, sachdienliche Anträge gestellt und alle wesentlichen Erklärungen abgegeben werden, §§ 88, 86 III VwGO. Zudem gilt im Verwaltungsprozess auch der Öffentlichkeitsgrundsatz (§ 169 GVG) und der Unmittelbarkeitsgrundsatz (im Zivilprozess nach den §§ 128 I, 355 I ZPO, im Verwaltungsprozess nach § 112 VwGO).

Welche Spruchkörper hat das

a) Verwaltungsgericht
b) Oberverwaltungsgericht
c) Bundesverwaltungsgericht?
d) Wie sind diese besetzt?

▶ a) Nach § 5 II VwGO werden bei dem Verwaltungsgericht Kammern gebildet. Sie entscheiden in der Besetzung von drei Richtern und zwei ehrenamtlichen Richtern, soweit nicht der Einzelrichter entscheidet, § 5 III 1 VwGO. (**Achtung:** 1. Ehrenamtliche Richter in der Verwaltungsgerichtsbarkeit werden **nicht** als Schöffen bezeichnet. Diese Bezeichnung ist den ehrenamtlichen Richtern der ordentlichen Gerichtsbarkeit vorbehalten, vgl. §§ 19 VwGO, 29 I GVG. 2. An Beschlüssen außerhalb einer mündlichen Verhandlung sowie an Gerichtsbescheiden wirken ehrenamtliche Richter nach § 5 III 2 VwGO nicht mit).

b) Nach § 9 II VwGO werden beim Oberverwaltungsgericht Senate gebildet. Sie entscheiden grundsätzlich in der Besetzung von drei Richtern. Ausnahmen dazu sind nach § 9 III 1, 2 VwGO möglich. Zudem wird ein großer Senat gebildet, soweit das Oberverwaltungsgericht über eine Frage des Landesrechts endgültig entscheidet, § 12 I iVm § 11 VwGO.

c) Nach § 10 II VwGO werden beim Bundesverwaltungsgericht Senate gebildet. In seiner Eigenschaft als Revisionsgericht entscheidet das Bundesverwaltungsgericht in der Besetzung von fünf oder – bei Beschlüssen außerhalb der mündlichen Verhandlung – drei Berufsrichtern, § 10 III VwGO. Bei dem Bundesverwaltungsgericht wird zudem ein großer Senat gebildet. Er entscheidet, wenn ein Senat in einer Rechtsfrage von der Entscheidung eines anderen Senats oder des Großen Senats abweichen will, § 11 VwGO.

Wie viele Regierungsbezirke gibt es in Ihrem Bundesland? Wo haben diese ihren Sitz?

▶ **Baden-Württemberg:** Vier Regierungsbezirke in Freiburg, Karlsruhe, Stuttgart und Tübingen.
Bayern: Sieben Regierungsbezirke in Oberbayern, Niederbayern, Oberpfalz, Oberfranken, Mittelfranken, Unterfranken und Schwaben.
Berlin: Keinen.

Brandenburg: Keinen.
Bremen: Keinen.
Hamburg: Keinen.
Hessen: Drei Regierungsbezirke in Darmstadt, Gießen, Kassel.
Mecklenburg-Vorpommern: Keinen.
Niedersachsen: Keinen.
Nordrhein-Westfalen: Fünf Regierungsbezirke/Bezirksregierungen in Arnsberg, Detmold, Düsseldorf, Köln und Münster.
Rheinland-Pfalz: Keinen.
Saarland: Keinen.
Sachsen: Keinen.
Sachsen-Anhalt: Keinen.
Schleswig-Holstein: Keinen.
Thüringen: Keinen.

Wie viele Verwaltungsgerichte gibt es in Ihrem Bundesland? Wo haben diese ihren Sitz? Wo hat das Oberverwaltungsgericht Ihres Bundeslandes seinen Sitz?

▶ **Baden-Württemberg:** Vier Verwaltungsgerichte in Freiburg, Karlsruhe, Sigmaringen, Stuttgart. Das Oberverwaltungsgericht ist der Verwaltungsgerichtshof Baden-Württemberg in Mannheim.
Bayern: Sechs Verwaltungsgerichte in Ansbach, Augsburg, Bayreuth, München, Regensburg, Würzburg. Das Oberverwaltungsgericht ist der Bayerische Verwaltungsgerichtshof in München.
Berlin und Brandenburg: Vier Verwaltungsgerichte in Berlin, Cottbus, Frankfurt (Oder) und Potsdam. Das Oberverwaltungsgericht ist das Oberverwaltungsgericht Berlin-Brandenburg in Berlin.
Bremen: Ein Verwaltungsgericht in Bremen. Das Oberverwaltungsgericht ist das Oberverwaltungsgericht der Freien Hansestadt Bremen in Bremen.
Hamburg: Ein Verwaltungsgericht in Hamburg. Das Oberverwaltungsgericht ist das Oberverwaltungsgericht Hamburg in Hamburg.
Hessen: Fünf Verwaltungsgerichte in Darmstadt, Frankfurt am Main, Gießen, Kassel, Wiesbaden. Das Oberverwaltungsgericht ist der Hessische Verwaltungsgerichtshof in Kassel.
Mecklenburg-Vorpommern: Zwei Verwaltungsgerichte in Schwerin und Greifswald. Das Oberverwaltungsgericht ist das Oberverwaltungsgericht Mecklenburg-Vorpommern in Greifswald.
Niedersachsen: Sieben Verwaltungsgerichte in Braunschweig, Göttingen, Hannover, Lüneburg, Oldenburg, Osnabrück und Stade. Das Oberverwaltungsgericht ist das Niedersächsische Oberverwaltungsgericht in Lüneburg.
Nordrhein-Westfalen: Sieben Verwaltungsgerichte in Aachen, Arnsberg, Düsseldorf, Gelsenkirchen, Köln, Minden und Münster. Das Oberverwaltungsgericht ist das Oberverwaltungsgericht in Münster.
Rheinland-Pfalz: Vier Verwaltungsgerichte in Koblenz, Mainz, Neustadt an der Weinstraße und Trier. Das Oberverwaltungsgericht ist das Oberverwaltungsgericht Rheinland-Pfalz in Koblenz.
Saarland: Ein Verwaltungsgericht in Saarlouis. Das Oberverwaltungsgericht ist das Oberverwaltungsgericht des Saarlandes in Saarlouis.
Sachsen: Drei Verwaltungsgerichte in Chemnitz, Dresden und Leipzig. Das Oberverwaltungsgericht ist das Sächsische Oberverwaltungsgericht in Bautzen.

Sachsen-Anhalt: Zwei Verwaltungsgerichte in Halle und Magdeburg. Das Oberverwaltungsgericht ist das Oberverwaltungsgericht des Landes Sachsen-Anhalt in Magdeburg.
Schleswig-Holstein: Ein Verwaltungsgericht in Schleswig. Das Oberverwaltungsgericht ist das Schleswig-Holsteinische Oberverwaltungsgericht in Schleswig.
Thüringen: Drei Verwaltungsgerichte in Gera, Meiningen und Weimar. Das Oberverwaltungsgericht ist das Thüringer Oberverwaltungsgericht in Weimar.

(Insbesondere im Mai wird häufig Folgendes gefragt:) Wann ist das Grundgesetz in Kraft getreten?

- Am 24. Mai 1949.

Wann kann im Verwaltungsprozess Berufung eingelegt werden?

- Berufung kann eingelegt werden, wenn diese vom VG oder OVG zugelassen wird, § 124 I VwGO.

Wer entscheidet denn dann über die Berufung?

- Das OVG.

Und welcher Spruchkörper?

- Der Senat nach § 9 II VwGO.

Wie ist denn der Senat besetzt?

- Grundsätzlich mit drei Richtern, § 9 III VwGO.

Ist das OVG an die Zulassung durch das Verwaltungsgericht gebunden?

- Ja, nach § 124a I 2 VwGO.

Was ist ein Berichterstatter?

- Das ist der Richter, der seiner Kammer den Sachverhalt schildert (Aktenvortrag!) und eine Entscheidung vorbereitet, vgl. § 82 II 1 VwGO iVm § 21g I GVG.

Was ist eine Behörde?

- (Das steht im jeweiligen LandesVwVfG in § 1 II, bzw. im BundesVwVfG in § 1 IV VwVfG, also bitte aufschlagen und vorlesen): Eine Behörde ist jede Stelle, die Aufgaben der öffentlichen Verwaltung wahrnimmt.

Wie ist die Verwaltung in Ihrem Bundesland organisiert?

- In Bayern, Baden-Württemberg, Hessen, Nordrhein-Westfalen und Sachsen ist die Verwaltung **dreistufig** aufgebaut. Sie unterteilt sich in: Oberste Landesbehörden (Landesregierung, Ministerpräsident, Ministerien, Rechnungshof), Mittelbehörden (Regierungspräsidien bzw. Bezirksregierungen) und Untere Landesbehörden.
  Bundesländer mit **zweistufigem** Verwaltungsaufbau sind Brandenburg, Niedersachsen, Mecklenburg-Vorpommern, Rheinland-Pfalz, Saarland, Sachsen-Anhalt, Schleswig-Holstein und Thüringen. Sie zeichnen sich durch eine fehlende Mittelinstanz (also keine Regierungspräsidien bzw. Bezirksregierungen) aus.[22] Die

22 Näheres zum Aufbau der Landesverwaltung bei *Maurer*, Allgemeines Verwaltungsrecht, 18. Aufl. 2011, § 22 Rn. 17 ff.

Stadtstaaten Berlin, Freie und Hansestadt Hamburg und Freie Hansestadt Bremen sind ebenfalls zweistufig aufgebaut, weisen aber im Detail Besonderheiten auf.[23]

Tipp: Weitere Ausführungen dazu sollten Sie erst auf Nachfrage machen. Sie sollten sich allerdings vor Ihrer mündlichen Prüfung einmal die Systematik des jeweiligen Landesgesetzes (sofern vorhanden, etwa **Baden-Württemberg:** VwG BW; **Brandenburg:** BbgLOG; **Mecklenburg-Vorpommern:** LOG M-V; **Nordrhein-Westfalen:** LOG NRW; **Saarland:** SLOG) vor Augen geführt haben, damit Sie wissen, was das Gesetz alles regelt. Auch ein Blick auf die Homepage Ihres Bundeslandes unter dem Abschnitt »Verwaltung« könnte nicht schaden.

Was sind Beliehene?

- Beliehene sind natürliche oder juristische Personen des Privatrechts, die im Auftrag des Staates hoheitliche Aufgaben in eigenem Namen wahrnehmen. Dazu müssen sie durch Gesetz oder auf gesetzlicher Grundlage durch Rechtsverordnung, mitwirkungsbedürftigen Verwaltungsakt oder öffentlich-rechtlichen Beleihungsvertrag mit öffentlich-rechtlichen Handlungsbefugnissen ausgestattet sein. Sie sind als Behörde iSd § 1 IV VwVfG und des § 35 S. 1 VwVfG anzusehen.

Welche Beliehene kennen Sie?

- Den TÜV, den Bezirksschornsteinfeger, den nicht verbeamteten Notar oder den Amtsarzt.

Was ist demgegenüber ein Verwaltungshelfer? Worin unterscheidet sich dieser vom Beliehenen?

- Verwaltungshelfer handeln nur im Auftrag und nach Weisung einer Behörde (»Werkzeuge der Behörde«). Sie üben nur untergeordnete Tätigkeiten aus, die die öffentliche Hand unterstützen. Ihr Handeln wird dem beauftragenden Verwaltungsträger zugerechnet.
  Der Beliehene dagegen erfüllt selbstständige hoheitliche Aufgaben in eigenem Namen und in eigener Verantwortung.

Welche Verwaltungshelfer kennen Sie?

- Der Schülerlotse, der die Sicherung des Schulwegs als Aufgabe der Verwaltung unterstützt, das von der Behörde beauftragte Abschleppunternehmen, das ein verbotswidrig abgeschlepptes Kraftfahrzeug abschleppt oder der von einem Lehrer beauftragte Ordnungsschüler (»Aufpasser«).

Welche juristischen Personen des öffentlichen Rechts kennen Sie?

- Körperschaften des öffentlichen Rechts
  Anstalten des öffentlichen Rechts
  Stiftungen des öffentlichen Rechts

Was ist eine Körperschaft des öffentlichen Rechts?

- Eine Körperschaft des öffentlichen Rechts ist eine mitgliedschaftlich verfasste Organisation, die unabhängig vom Wechsel ihrer Mitglieder besteht.

---

23 Vgl. dazu etwa *Achterberg*, Allgemeines Verwaltungsrecht, 2. Aufl. 1986, § 10 Rn. 33 ff.; *Huber*, Allgemeines Verwaltungsrecht, 2. Aufl. 1997, S. 148 f.

Worin unterscheidet sich diese denn von einer Körperschaft des privaten Rechts? Kennen Sie den Grundtyp der Körperschaft des privaten Rechts?

▶ Eine Körperschaft des öffentlichen Rechts ist öffentlich-rechtlich organisiert und kann auch öffentlich-rechtlich handeln. Sie verdankt ihre Rechtssubjektivität einem Hoheitsakt.
Eine Körperschaft des Privatrechts (Verein, Aktiengesellschaft, GmbH) entsteht dagegen durch den Willensakt der Mitglieder (Privatautonomie).
Der Grundtyp der Körperschaft des privaten Rechts ist der eingetragene Verein, § 21 BGB.

Wie kann man die Körperschaften des öffentlichen Rechts grob unterteilen?

▶
- **Gebietskörperschaften**, etwa Bund, Länder und Gemeinden (bestimmend für die Mitgliedschaft ist der Wohnsitz oder der Geschäftssitz der Mitglieder).
- **Personalkörperschaften**, etwa Rechtsanwaltskammern oder staatliche Universitäten (Die Mitgliedschaft richtet sich nach bestimmten individuellen Eigenschaften).
- **Realkörperschaften**, etwa die Industrie- und Handelskammern (Die Mitgliedschaft in ihnen knüpft an Eigentum oder Besitz an).
- **Verbandskörperschaften**, etwa kommunale Zweckverbände (Beispiel: Abfallbeseitigungsverbände).

Was sind Anstalten des öffentlichen Rechts?

▶ Eine Anstalt des öffentlichen Rechts ist ein verselbstständigter Bestand von Sach- und Personalmitteln, der eine bestimmte Verwaltungsaufgabe erfüllen soll. Charakteristisch ist, dass eine Anstalt des öffentlichen Rechts (im Gegensatz zur Körperschaft des öffentlichen Rechts) keine Mitglieder aufnimmt, sondern ihren Benutzern nur eine Nutzungsmöglichkeit gewährt.
Anstalten des öffentlichen Rechts sind etwa die öffentlich-rechtlichen Rundfunkanstalten oder die kommunalen Sparkassen.

Und was sind dann Stiftungen des öffentlichen Rechts? Kennen Sie eine?

▶ Stiftungen des öffentlichen Rechts sind rechtsfähige Organisationen, denen ein Stifter Vermögenswerte (Kapital- oder Sachwerte) zweckgebunden zur Erfüllung bestimmter öffentlicher Aufgaben übertragen hat. Stiftungen haben weder Mitglieder noch Benutzer, sondern nur Nutznießer.

> **Beispiele** für Stiftungen des öffentlichen Rechts sind die Stiftung Preußischer Kulturbesitz, die Stiftung »Haus der Geschichte der Bundesrepublik Deutschland« oder die Kulturstiftung des Bundes.

Welche Laufbahngruppen gibt es eigentlich für Beamte? In welche würden Sie als Assessor eingeordnet werden, falls Sie sich für eine Beamtenkarriere, zB bei einem Ministerium, entscheiden würden?

▶ Es gibt den
- (einfachen Dienst): Besoldungsgruppe A2–A5
- den mittleren Dienst: Besoldungsgruppe A6–A9
- den gehobenen Dienst: Besoldungsgruppe A9–A13
- und den höheren Dienst: A13–A16 und B1–B11

Als Assessor in Behörden würden Sie zum höheren Dienst gehören und mit der Einstiegsbesoldungsgruppe A13 anfangen.

Was ist der Unterschied zwischen einem Flächennutzungsplan und einem Bebauungsplan?

- Der Flächennutzungsplan nach § 5 BauGB gilt für das gesamte Gemeindegebiet und dient als Grundlage für die verbindlichen Bauleitpläne (Bebauungspläne). Er hat keine rechtsverbindliche Wirkung, bindet die Gemeinde jedoch im Hinblick auf die Aufstellung von Bebauungsplänen, die nach § 8 II 1 BauGB aus dem Flächennutzungsplan zu entwickeln sind. Der Flächennutzungsplan ist somit nicht Rechtsgrundlage für die Genehmigung eines baulichen oder sonstigen Vorhabens oder für die Versagung dieser Genehmigung (Bauantrag oder Baugenehmigung). Er wird häufig als »vorbereitender Bauleitplan« bezeichnet.
  Der Bebauungsplan enthält nach § 8 I 1 BauGB die gegenüber jedermann rechtsverbindlichen Festsetzungen für die städtebauliche Ordnung. Er wird nach § 10 I BauGB als Satzung beschlossen (in den Stadtstaaten als Verordnung). Jeder Eigentümer oder Nutzungsberechtigte eines Grundstückes im Geltungsbereich eines rechtsverbindlichen Bebauungsplanes muss sich bei der baulichen oder sonstigen Nutzung seines Grundstücks an die Festsetzungen dieser Satzung halten. Auch gegenüber der Verwaltung sind die Festsetzungen eines Bebauungsplanes verbindlich.

Was gibt es für Staatsstrukturprinzipien (bzw. verfassungsrechtliche Grundprinzipien)?

- Demokratie, Republik, Rechtsstaat, Sozialstaat, Bundesstaat. Sie sind verankert in Art. 20 und Art. 28 GG.

Was ist damit gemeint?

> **Tipp:** Bei solchen Fragen werden von den Kandidaten keine epischen Monologe erwartet. Genannt werden sollten aber die wesentlichen Schlagwörter:

- **Demokratie:** Alle Staatsgewalt geht vom Volke aus, Art. 20 II, 28 GG. In unserer repräsentativen Demokratie werden die Interessen der Bürger durch die vom Volk gewählten Vertreter in den Parlamenten wahrgenommen, die nach dem Mehrheitsprinzip entscheiden.
  Republik: Traditionell wird unter einer Republik nur eine »Nicht-Monarchie« verstanden. Das bedeutet, dass das Staatsoberhaupt (= der Bundespräsident) nicht nach einem der Verfassung übergeordneten Prinzip, wie zB durch Erbfolge (= Monarchie) bestimmt wird.
  Rechtsstaat: Alle Staatsgewalt ist dem Recht unterworfen. Seine Ausprägungen sind:
  - der Grundsatz der Gewaltenteilung (Legislative, Exekutive und Judikative) aus Art. 20 II GG: Die Staatsgewalt muss »durch besondere Organe der Gesetzgebung, der vollziehenden Gewalt und der Rechtsprechung« erfolgen, Art. 20 II 2 GG. Damit sollen unterschiedliche hoheitliche Funktionen in ein System gegenseitiger Abhängigkeit und Kontrolle gebracht werden (Stichwort »checks and balances«).
  - die Bindung der drei Gewalten (Legislative, Exekutive und Judikative) an die Grundrechte, Art. 1 III GG.
  - der Vorrang des Gesetzes, Art. 20 III GG: Das Handeln der Exekutive darf nie gegen geltende Gesetze verstoßen (kurz: »Kein Handeln gegen das Gesetz«).

- der Vorbehalt des Gesetzes, Art. 20 III GG: Die Exekutive darf nur auf der Grundlage eines förmlichen, vorher erlassenen Gesetzes Eingriffe in Freiheit und Eigentum der Bürger vornehmen (kurz: »Kein Handeln ohne Gesetz«).
- die Rechtsweggarantie aus Art. 19 IV GG: Jede natürliche und jede privatrechtliche juristische Person hat das Recht, die staatlichen Gerichte anzurufen.
- die Wesensgehaltsgarantie aus Art. 19 II GG: Die Grundrechte dürfen in ihrem Wesensgehalt nicht beeinträchtigt werden.
- der Grundsatz der Verhältnismäßigkeit: Eingriffe der Verwaltung in die Rechte Einzelner müssen geeignet sein, um den angestrebten Zweck zu fördern (Geeignetheit) und unter mehreren gleich geeigneten Maßnahmen das mildeste Mittel darstellen (Erforderlichkeit). Zudem darf ein zu erwartender Schaden nicht außer Verhältnis zu dem erstrebten Erfolg stehen (Verhältnismäßigkeit im engeren Sinne). Zu vergleichen ist also das Gewicht bei dem Betroffenen durch die Maßnahme ausgelösten Belastung und das Gewicht des verfolgten Zwecks. Diese beiden Gewichte dürfen nicht völlig außer Verhältnis sein (= Katastrophenkontrolle, keine Abwägung!). Die Behörde darf also nur nicht »mit Kanonen auf Spatzen schießen«.
- der Anspruch auf rechtliches Gehör aus Art. 103 I GG: Ein Gericht darf keine Entscheidung fällen, ohne dem Betroffenen vorher die Gelegenheit gegeben zu haben, sich dazu zu äußern. Der Grundsatz gilt nicht für vorläufige Entscheidungen, bei denen der Betroffene die Möglichkeit hat, hinterher die Aufhebung der Maßnahme zu beantragen, etwa bei der einstweiligen Anordnung, beim Haftbefehl oder beim Mahnverfahren.
- die Garantie des gesetzlichen Richters, Art. 101 GG: Es muss bereits vor einem Rechtsstreit bestimmt sein, welches Gericht und welcher Richter zuständig ist.
- das Gebot der Rechtsklarheit und Bestimmtheit von Gesetzen.
- das Rückwirkungsverbot: Den Bürger belastende Gesetze dürfen nicht rückwirken (genauer dazu in der nächsten Frage).

Sozialstaat: Der Staat muss soziale Gerechtigkeit und soziale Sicherheit garantieren. Unter soziale Gerechtigkeit fällt zB die Sicherung des Existenzminimums, das BAföG, die Prozesskostenhilfe und der Schutz der Schwachen gegen die Starken (zB soziales Mietrecht, Arbeitsrecht, Verbraucherschutzrecht). Unter soziale Sicherheit fällt die Institution von Sozialversicherungssystemen, die Sozialhilfe etc.

Bundesstaat: Danach gliedert sich die Bundesrepublik in einen Zentralstaat, nämlich den Bund und die Länder als Gliedstaaten. Nach der Homogenitätsklausel (Art. 28 I GG) muss die verfassungsmäßige Ordnung der Länder den Grundsätzen des republikanischen, demokratischen und sozialen Rechtsstaates entsprechen. Nach Art. 30 GG ist die Ausübung staatlicher Befugnisse Ländersache.

Was ist der Unterschied zwischen einer echten und einer unechten Rückwirkung?

▶ Eine echte Rückwirkung (oder: Rückbewirkung von Rechtsfolgen) liegt vor, wenn für einen abgeschlossenen Sachverhalt eine andere als die bislang geltende Rechtsfolge angeordnet wird. Eine solche Rückwirkung verstößt grundsätzlich gegen das rechtsstaatliche Gebot des Vertrauensschutzes, wenn sie belastend ist. Denn jeder muss darauf vertrauen können, dass ihm ein rechtmäßiges Handeln nicht zu einem späteren Zeitpunkt nachteilig angelastet wird. Die echte Rückwirkung ist aber ausnahmsweise dann zulässig, wenn das Vertrauen des Bürgers nicht schutzwürdig ist, weil

- der Bürger zu dem Zeitpunkt, als das Gesetz in Kraft tritt, mit einer Neuregelung des Sachverhalts rechnen musste;
- eine nichtige Bestimmung durch eine neue Regelung ersetzt wird;
- die bisherige Rechtslage unklar, verworren oder lückenhaft war;
- zwingende Gründe des Allgemeinwohls eine Rückwirkung erfordern;
- kein oder nur ein ganz unerheblicher Schaden verursacht wird (Bagatellvorbehalt).

Eine unechte Rückwirkung (oder: tatbestandliche Rückanknüpfung) liegt vor, wenn ein Gesetz auf gegenwärtig begonnene, noch nicht abgeschlossene Sachverhalte für die Zukunft einwirkt und damit gleichzeitig die betroffenen Rechtspositionen nachträglich entwertet (kurz: Anwendung neuen Rechts auf einen »Dauersachverhalt«). Eine unechte Rückwirkung ist grundsätzlich verfassungsgemäß. Sie ist nur verfassungswidrig, wenn ausnahmsweise das schutzwürdige Vertrauen des Bürgers auf den bisherigen Rechtszustand das Interesse des Staates an der Rückwirkung überwiegt.

Beispiel für eine echte Rückwirkung: Die Gewerbesteuer für das Jahr 2011 wird durch Gesetz vom 1.4.2012 erhöht.

Beispiel für eine unechte Rückwirkung: Die Gewerbesteuer für das Jahr 2012 wird durch Gesetz vom 1.4.2012 erhöht.

Tipp: Sie sollten sich vor der mündlichen Prüfung auf jeden Fall noch einmal die Gesetzgebungskompetenzen anschauen. Dies wird aller Wahrscheinlichkeit nach (Prüfungsprotokolle lesen!) zwar kein Schwerpunkt Ihrer Prüfung sein, gehört aber zum Handwerkszeug jedes guten Juristen.

Aufhänger für einen kurzen Ritt durch die Gesetzgebungskompetenzen sind vielfach Fälle aus dem Versammlungsrecht. Bis zur Föderalismusreform I aus dem Jahre 2006 war diese Materie Gegenstand der konkurrierenden Gesetzgebung des Bundes. Nach dem Inkrafttreten der Föderalismusreform fiel es durch eine Neufassung des Art. 74 I Nr. 3 GG in die Kompetenz der Länder. Der Prüfer wird fragen, warum denn ein Versammlungsgesetz des Bundes existiert, wenn das Versammlungsrecht doch eigentlich in den Kompetenzbereich der Länder fällt. Dem können Sie dann Art. 125a I GG entgegenhalten, nach dem Bundesrecht, das auf Grundlage einer abgeschafften Bundeskompetenz erlassen worden war, grundsätzlich weitergilt, von den Ländern aber durch Landesrecht ersetzt werden kann.

Die gleiche Problematik stellt sich übrigens im Gaststättengesetz. Auch dieses war bis 2006 Materie der konkurrierenden Gesetzgebung, ist aber seit der Föderalismusreform I grundsätzlich Sache der Länder. NRW hat allerdings noch kein eigenes Gaststättengesetz erlassen (im Unterschied zu Baden-Württemberg, Brandenburg, Bremen, Hessen, Niedersachsen, Sachsen, Sachsen-Anhalt, Thüringen und dem Saarland).

Insbesondere vor Wahlen werden gerne die Grundsätze unseres Wahlsystems abgefragt. Damit Sie da nicht ganz auf dem Schlauch stehen (wofür war nochmal die Erststimme gut?!), hier noch einmal die Basics:

In Deutschland wird der Bundestag nach dem System der personalisierten Verhältniswahl gewählt. Diese verbindet zwei Wahlsysteme miteinander – die Verhältniswahl und die Mehrheitswahl. Bei der personalisierten Verhältniswahl hat jeder Wähler zwei Stimmen zu vergeben:

1. Mit der Erststimme entscheidet der Wähler über den Kandidaten seines Wahlkreises. Die Erststimme hat mit dem Kräfteverhältnis der Parteien zunächst nichts zu tun. In Deutschland gibt es 299 Wahlkreise, also werden mit der Erststimme auch 299 Kandidaten gewählt. Wer die meisten Stimmen bekommt, erhält ein Direktmandat für den Bundestag.

Merke: Erststimme = Wahl des Direktkandidaten eines Wahlkreises.

2. Mit der Zweitstimme entscheidet sich der Wähler für die Landesliste einer Partei. Für die Zusammensetzung des Bundestags ist letztlich die Zweitstimme entscheidend (und daher wichtiger als die Erststimme), weil sie bestimmt, wie viele Sitze eine Partei im Verhältnis zu den anderen Parteien im Bundestag bekommt. Sobald bundesweit alle Zweitstimmen zusammengezählt sind und feststeht, wie viele Sitze die einzelnen Parteien im Verhältnis zueinander bekommen, wird ermittelt, wie viele Abgeordnete über die jeweiligen Landeslisten in den Bundestag einziehen. Deshalb stehen auf der rechten Stimmzettelhälfte hinter den Parteien auch die erstplatzierten Bewerber der jeweiligen Landesliste der Parteien.

Merke: Zweitstimme = Landesliste einer Partei.

Beispiel: Die P-Partei hat in Nordrhein-Westfalen so viele Zweitstimmen bekommen, dass sie sieben Kandidaten in den Bundestag schicken kann. Fünf Kandidaten der P-Partei haben in ihren Wahlkreisen die meisten Erststimmen bekommen. Sie haben also fünf Direktmandate erhalten. Die fünf Kandidaten mit den Direktmandaten bekommen daher fünf der sieben Sitze der A-Partei. Die restlichen zwei Plätze, die der P-Partei nach ihrem Zweitstimmenergebnis zustehen, werden mit den Kandidaten besetzt, die auf der Landesliste der P-Partei auf den ersten beiden Plätzen stehen.

Besonderheiten:

Grundsätzlich benötigt eine Partei mindestens 5% aller Zweitstimmen um in den Bundestag zu kommen (»Fünf-Prozent Hürde«). Wenn sie weniger als 5% der Zweitstimmen bekommen hat, kann sie aber trotzdem in den Bundestag kommen. Und zwar, wenn mindestens drei ihrer Kandidaten per Erststimme erfolgreich sind, also drei Direktmandate errungen haben (»Grundmandatsklausel«).

Wenn es also drei Wahlkreise gibt, in dem zB die Kandidaten der Partei »Die Partei« besonders beliebt sind und jeweils ein Direktmandat holen, die Partei »Die Partei« aber bundesweit nicht über die 5% Hürde kommt, kommen jedenfalls diese drei Kandidaten über die Erststimme doch ein Direktmandat für den Bundestag. Diese Besonderheiten sind in § 6 BWahlG geregelt.

Jetzt zu den gefürchteten Überhangmandaten:

Es kann passieren, dass mehr Direktkandidaten einen Sitz im Parlament gewinnen (also über die Erststimme), als der Partei laut Zweitstimme zustehen. Wenn eine Partei nach der Zweitstimme zB zehn Politiker ihrer Landesliste ins Parlament schicken darf, sie aber zwölf Direktmandate holt, dann sind das zwei Mandate mehr, als sie nach dem Zweitstimmenergebnis haben darf. Die Direktkandidaten, die zu viel sind, dürfen aber trotzdem in den Bundestag. Sie bekommen ein sogenanntes Überhangmandat und besetzen daher zusätzliche Plätze im Bundestag. Es dürfen also mehr Politiker in den Bundestag als vorgesehen.

Merke: Überhangmandate = Viele Erststimmen/Direktmandate aber weniger Zweitstimmen.

Damit die Sitzverteilung im Bundestag das Zweitstimmenergebnis der Wahl exakt widerspiegelt, gibt es seit der Wahlrechtsreform 2013 sog. Ausgleichsmandate. Durch sie wird sichergestellt, dass bei den Bundestagssitzen trotzdem das Verhältnis der Zweitstimmen eingehalten wird. Überhangmandate und Ausgleichsmandate sind in § 6 BWahlG geregelt.

Beispiel: Die A-Partei hat doppelt so viele Zweitstimmen bekommen wie die B-Partei. Zusätzlich hat die A-Partei noch zehn Überhangmandate erhalten. Im Bundestag bekommt die A-Partei durch die Zweitstimmen also doppelt so viele Sitze wie die B-Partei. Hinzu kommen noch zehn zusätzliche Sitze wegen der zehn Überhangmandate. Mit den zehn Überhangmandaten käme die A-Partei also auf mehr als doppelt so viele Sitze wie die B-Partei, obwohl dies nicht der Zweitstimmenverteilung entspräche. Denn danach hätte sie ja nur Anrecht auf doppelt so viele Sitze. Daher bekommt die B-Partei so viele Ausgleichsmandate, also zusätzliche Sitze, bis die A-Partei wieder nur genau doppelt so viele Sitze hat wie die B-Partei. Auf diesem Wege bleibt das Kräfteverhältnis der Parteien nach dem Zweitstimmenergebnis bestehen.

Merke: Ausgleichsmandate gleichen das durch die Überhangmandate eingetretene Ungleichgewicht der Sitzverteilung im Parlament aus.

Tipp: Googeln Sie die Überhang- und die Ausgleichsmandate noch einmal vor Ihrer mündlichen Prüfung.

Was macht der Bundesrat eigentlich? Wer sitzt darin?

▶ (Art. 50 GG lesen:) Durch den Bundesrat wirken die Länder bei der Gesetzgebung und Verwaltung des Bundes und in Angelegenheiten der Europäischen Union mit. Er besteht nach Art. 51 GG aus Mitgliedern der Regierungen der Länder, die sie bestellen und abberufen. Die Stimmenanzahl bestimmt sich nach der Anzahl der Einwohner eines Landes, Art. 51 II 1 GG. Der Bundesrat hat 69 Mitglieder. Diese werden nicht gewählt, sondern von Regierungen der einzelnen Länder übersandt. Die wichtigste Aufgabe des Bundesrates besteht in seiner Mitwirkung bei der Gesetzgebung.

Gilt die Rechtsweggarantie des Art. 19 IV GG auch für mich als Richter, also auch für die Judikative? Anders gefragt: Wie ist der Begriff der öffentlichen Gewalt in Art. 19 IV GG auszulegen?

▶ Mit öffentlicher Gewalt iSd Art. 19 IV GG ist nur die vollziehende Gewalt (= die Exekutive) gemeint. Gegen Akte der Legislative, also der gesetzgebenden Gewalt, kann nämlich der Rechtsweg nicht eröffnet werden, weil ein Richter nur zu der Prüfung, nicht aber zur Verwerfung eines Gesetzes befugt ist (Art. 100 I GG). Nicht unter den Begriff der öffentlichen Gewalt in Art. 19 IV GG fällt auch die Judikative. Denn Art. 19 IV GG soll Schutz durch die Gerichte bieten, nicht vor den Gerichten. Im Übrigen könnte so eine Art von Rechtsschutz wiederum nur zu einer richterlichen Entscheidung führen.

Worin unterscheidet sich der unbestimmte Rechtsbegriff vom Ermessen?

- Der unbestimmte Rechtsbegriff kann grundsätzlich auf Tatbestands- (Beispiel: »unzuverlässig« in § 35 I GewO und § 4 I GastG) und Rechtsfolgenseite (Beispiel: »die notwendigen Maßnahmen« in § 14 NRWOBG[24]) vorkommen. Demgegenüber betrifft das Ermessen immer die Rechtsfolgenseite einer Norm.

Kann das Verwaltungsgericht die Auslegung und Anwendung unbestimmter Rechtsbegriffe gerichtlich überprüfen?

- Unbestimmte Rechtsbegriffe sind grundsätzlich gerichtlich voll überprüfbar. Eine Einschätzungsprärogative der Exekutive besteht insofern nicht. Die Verwaltungsgerichte sind auch dann befugt, eine behördliche Entscheidung aufzuheben, wenn die behördliche Auslegung des unbestimmten Rechtsbegriffs im konkreten Einzelfall vertretbar ist, das Verwaltungsgericht den unbestimmten Rechtsbegriff aber anders auslegt.

Woraus kann man diese wirksame Kontrolle der Verwaltungsgerichte ableiten?

- Aus dem Grundsatz vom Vorbehalt des Gesetzes, der Rechtsweggarantie des Art. 19 IV GG und dem Grundsatz der Gewaltenteilung nach Art. 20 II 2 GG.

Sind unbestimmte Rechtsbegriffe wirklich immer vollumfänglich überprüfbar?

- Nein. Die Rechtsprechung erkennt unbestimmte Rechtsbegriffe mit Beurteilungsspielraum an, wenn die Behörde einen uneinholbaren »Wissensvorsprung« hat, der sich auch mithilfe einer umfangreichen Aufklärung des Sachverhalts nicht kompensieren lassen könnte.

Wann liegt denn ein solcher »Wissensvorsprung« vor?

- Bei
  a) beamtenrechtlichen Eignungs- und Leistungsbeurteilungen;
  b) Prüfungs- und prüfungsähnlichen Entscheidungen (Ihre Staatsprüfung!);
  c) Höchstpersönlichen Akte wertender Erkenntnis (zB die Frage, ob Schulbücher didaktisch und pädagogisch für die Verwendung im Schulunterricht geeignet sind);
  d) Prognose- und Risikoentscheidungen, insbesondere im Umwelt- und Wirtschaftsrecht.

Kann das Verwaltungsgericht in diesen Fällen denn überhaupt noch etwas überprüfen oder ist es an die Feststellung der Behörde gebunden?

- Die gerichtliche Überprüfung der behördlichen Anwendung von unbestimmten Rechtsbegriffen mit Beurteilungsspielraum beschränkt sich in solchen Fällen auf die Prüfung, ob
  a) die Behörde von einem unzutreffenden Sachverhalt ausgegangen ist;
  b) die Verfahrensvorschriften und Verfahrensgrundsätze nicht eingehalten hat (zB keine geeignete Arbeitsatmosphäre, zB Baulärm während der juristischen Staatsprüfung ohne Schreibzeitverlängerung);

---

24 **Korrespondierende Vorschriften in den anderen Bundesländern: Baden-Württemberg:** §§ 1 I, 3 BWPolG, **Bayern:** § 7 II iVm § 6 LStVG, **Berlin:** § 17 I ASOG Bln, **Brandenburg:** § 13 I BbgOBG, **Bremen:** §§ 1 I, 10 I BremPolG, **Hamburg:** § 3 I HmbSOG, **Hessen:** § 11 HSOG, **Mecklenburg-Vorpommern:** § 13 SOG M-V, **Niedersachsen:** § 11 Nds. SOG, **Rheinland-Pfalz:** § 9 I 1 RhPfPOG, **Saarland:** § 8 I SPolG, **Sachsen:** §§ 1 I, 3 I SächsPolG, **Sachsen-Anhalt:** § 13 SOG LSA, **Schleswig-Holstein:** § 174 SchlHLVwG, **Thüringen:** § 5 I ThürOBG.

c) sich von sachfremden Erwägungen hat leiten lassen (zB besonders strenge Bewertung von Abitur-Klausuren, um vor der Aufnahme des Studiums abzuschrecken);
d) allgemein anerkannte Bewertungsgrundsätze nicht beachtet oder willkürlich entschieden wurde.

Was gibt es für Ermessensfehler?

▶ 1. **Ermessensnichtgebrauch** (häufig auch Ermessensunterschreitung oder Ermessensausfall genannt): Die Behörde stellt keine Ermessenserwägungen an, obwohl ihr von Gesetzes wegen Ermessen eingeräumt ist.
2. **Ermessensüberschreitung:** Die Behörde wählt bei ihrer Entscheidung eine Rechtsfolge, die das Gesetz nicht vorsieht (zB wenn die Behörde eine Gebühr von 150 EUR erhebt, obwohl nach der einschlägigen Gebührenordnung nur eine Gebühr von 20–100 EUR erhoben werden darf).
3. **Ermessensfehlgebrauch:** Hier ist der Fehler nicht anhand des Ergebnisses der behördlichen Entscheidung zu erkennen, sondern nur dann, wenn das Verwaltungsverfahren gewürdigt wird. Ein Ermessensfehlgebrauch liegt insbesondere dann vor, wenn
a) die Behörde wesentliche Gesichtspunkte, die für die Entscheidung relevant waren, nicht in ihre Abwägung einbezogen hat,
b) die Behörde bei ihrer Entscheidung sachfremde Erwägungen berücksichtigt hat,
c) oder wenn die Behörde erkennbar den Zweck des gesetzlichen Ermessens gar nicht oder nicht hinreichend beachtet hat.

Stellen Sie sich vor, Sie sind Richter am Verwaltungsgericht. Die Behörde untersagt jemandem den Betrieb seiner Gaststätte, weil er unzuverlässig sei. Müssen sie als Verwaltungsgericht diese Entscheidung der Behörde respektieren?

▶ Nein. Das Gericht prüft in der Regel uneingeschränkt nach, ob die Behörde den in Rede stehenden unbestimmten Rechtsbegriff richtig ausgelegt hat. Die Behörde hat bei der Anwendung und Auslegung von unbestimmten Rechtsbegriffen grundsätzlich keinen Beurteilungsspielraum. Das Verwaltungsgericht kann also eine behördliche Maßnahme auch dann aufheben, wenn die behördliche Auslegung des unbestimmten Rechtsbegriffs im konkreten Einzelfall zwar vertretbar ist, das Verwaltungsgericht den unbestimmten Rechtsbegriff aber anders auslegt.

Wer wählt den Bundespräsidenten?

▶ Die Bundesversammlung, Art. 54 GG.

Was hat die Bundesversammlung sonst noch für Aufgaben?

▶ Keine! Die Wahl des Bundespräsidenten ist die einzige Aufgabe der Bundesversammlung.

Wer sitzt in der Bundesversammlung?

▶ In der Bundesversammlung sitzen die Mitglieder des Bundestages und eine gleiche Anzahl von Delegierten, die von den Landesparlamenten entsprechend ihrer Fraktionsstärke entsandt werden. Häufig sind es Landtagsabgeordnete, manchmal aber auch Kommunalpolitiker und Persönlichkeiten des öffentlichen Lebens.

Wie lange ist die Amtszeit des Bundespräsidenten?

▶ Art. 54 GG: fünf Jahre.

Welche formlosen Rechtsbehelfe kennen Sie im öffentlichen Recht? Wozu dienen diese?

▶ Die Dienstaufsichtsbeschwerde, die Fachaufsichtsbeschwerde und die Gegenvorstellung.
Mit der Dienstaufsichtsbeschwerde kann sich der Bürger gegen die Art und Weise dienstlichen Verhaltens wehren, also gegen das persönliche Verhalten eines Amtsträgers. Sie ist formlos an den Vorgesetzten des Amtsträgers oder an die Dienstaufsichtsbehörde zu richten.
Mit der Fachaufsichtsbeschwerde kann die Entscheidung eines Amtswalters auf ihre Recht- und Zweckmäßigkeit gerügt werden. Sie richtet sich entweder an den Vorgesetzten oder die Aufsichtsbehörde, die die Fachaufsicht führt.
Bei der Gegenvorstellung wendet sich der Bürger an die erlassende Behörde. Er erbittet eine erneute Sachprüfung, also eine Aufhebung oder den Erlass einer Verwaltungsmaßnahme. Der Bürger hat einen Anspruch auf Bescheidung seiner Gegenvorstellung.
Allen gemeinsam ist Folgendes:
- Sie können kostenfrei eingelegt werden.
- Sie können formlos eingelegt werden.
- Sie sind nicht fristgebunden.
- Es muss keine materielle Beschwer vorliegen, die Person muss also nicht in einem subjektiven Recht beeinträchtigt sein.
- Durch die Einlegung tritt kein Suspensiveffekt ein.
- Sie sind gesetzlich nicht geregelt, sind aber Ausfluss des verfassungsrechtlich verbürgten Petitionsrechts aus Art. 17 GG.
- Der Bürger hat aus Art. 17 GG einen gerichtlich durchsetzbaren Anspruch auf sachliche Prüfung und Bescheidung seines formlosen Rechtsbehelfs.

Hinweis: Praktiker fügen den beiden charakteristischen Eigenschaften der formlosen Rechtsbehelfe »formlos« und »fristlos« meist in Bezug auf die Dienstaufsichtsbeschwerde gerne noch das Wort »fruchtlos« hinzu. Schließlich verlaufen Dienstaufsichtsbeschwerden häufig ohne sachliches Ergebnis.

An wen müssen Sie sich wenden, wenn Sie in Nordrhein-Westfalen eine Baugenehmigung beantragen?

▶ An die untere Bauaufsichtsbehörde nach §§ 69 I, 60 I Nr. 3 BauO NRW.[25]

---

25 Wenn die Gemeinde nicht selbst Bauaufsichtsbehörde ist, wird vom Bauordnungsrecht teilweise verlangt, dass der Bauherr den Bauantrag direkt an die Gemeinde richtet. Diese hat den Bauantrag mit ihrer Stellungnahme an die Bauaufsichtsbehörde weiterzuleiten. **Korrespondierende Vorschriften in den anderen Bundesländern: Baden-Württemberg:** §§ 46, 53 I, III BWLBO, **Bayern:** Art. 53 I 1, 64 I 2 BayBO, **Berlin:** § 69 I BauO Bln, **Brandenburg:** §§ 51 I 2, 62 I 2 BbgBO, **Bremen:** §§ 57 I 1 Nr. 2, 68 I BremLBO, **Hamburg:** § 70 I HBauO, **Hessen:** §§ 52 I 1 Nr. 1, 60 I HBO, **Mecklenburg-Vorpommern:** §§ 57 I, 68 I LBauO M-V, **Niedersachsen:** §§ 57 I 1, 67 I 1 NBauO, **Rheinland-Pfalz:** §§ 58 I Nr. 3, 63 I 1 RhPfLBauO, **Saarland:** §§ 58 I 2, 69 I SLBO, **Sachsen:** §§ 57 I 1 Nr. 1, 68 I SächsBO, **Sachsen-Anhalt:** §§ 56 I 1 Nr. 1, 67 I 1 LSABauO, **Schleswig-Holstein:** §§ 58 I Nr. 2, 64 I 1 SchlHLBauO, **Thüringen:** §§ 57 I Nr. 1, 67 I ThürBO.

Worin unterscheidet sich das Bauplanungsrecht vom Bauordnungsrecht?

- Zunächst einmal ist das Bauplanungsrecht Bundesrecht (vgl. Art. 74 I Nr. 18 GG), das Bauordnungsrecht fällt dagegen in den Kompetenzbereich der Länder. Das Bauplanungsrecht hat die Aufgabe, die rechtliche Qualität des Bodens und seine Nutzbarkeit festzulegen. Bauplanungsrecht ist daher flächenbezogenes Recht. Es ist im Wesentlichen im Baugesetzbuch und der Baunutzungsverordnung geregelt.
  Das Bauordnungsrecht umfasst demgegenüber die Umsetzung und Durchführung der konkreten Bodennutzung in Form von Bauvorhaben. Im Gegensatz zum Bauplanungsrecht ist es nicht flächenbezogen, sondern objektbezogen: Es beinhaltet vor allem sicherheitsrechtliche Anforderungen und ist daher in erster Linie Gefahrenabwehrrecht.

Sie sind Mitarbeiter im Ordnungsamt. Herr A kommt vorbei und beschwert sich über seinen Nachbarn. Dieser wohne unmittelbar neben ihm (Doppelhaushälfte) und habe auf der Grenze sein Grundstück mit ca. 50 Pflanzenkübeln umzäunt, sodass eine Mauer entstanden sei. Was machen Sie als erstes?

- Ich prüfe zunächst, ob ich zuständig bin. Wenn das der Fall ist, lege ich einen Vorgang an. Anschließend könnte man über einen Ortstermin nachdenken. (Es folgt die Prüfung einer baurechtlichen Ordnungsverfügung: Sind die Pflanzenkübel bauliche Anlagen? Braucht der Nachbar dafür eine Baugenehmigung? Was könnte gegen diese Mauer sprechen: zB sind die Abstandsvorschriften eingehalten? (ausreichende Belüftung, Belichtung, Brandschutz etc.), werden die Blumenkübel einem Gestaltungsmaßstab gerecht? (Verunstaltungsverbot: zB Art. 8 BayBO, § 9 LBauO M-V; § 12 BauO NRW[26]) (*Kaiser/Köster/Seegmüller*, Materielles Öffentliches Recht im Assessorexamen, 3. Aufl. 2015, Rn. 178 ff.).

Nehmen wir an, Sie wollen Ihr Haus in Köln errichten, welches wäre das zuständige Organ für die Erteilung der Baugenehmigung?

- Der Oberbürgermeister der Stadt Köln. Dieser ist untere Bauaufsichtsbehörde nach § 62 iVm § 60 I Nr. 3a BauO NRW.[27]

Und wenn der Fall in Bergheim als kreisangehöriger Gemeinde spielt?

- Dann wäre es der Landrat des Rhein-Erft-Kreises, § 62 iVm § 60 I Nr. 3b BauO NRW.

---

26 **Korrespondierende Vorschriften in den anderen Bundesländern: Baden-Württemberg:** § 11 BWLBO, **Berlin:** § 9 BauO Bln, **Brandenburg:** § 8 BbgBO, **Bremen:** § 9 BremLBO, **Hamburg:** § 12 HBauO, **Hessen:** § 9 HBO, **Niedersachsen:** §§ 10 NBauO, **Rheinland-Pfalz:** §§ 58 I Nr. 3, 63 I 1 RhPfLBauO, **Saarland:** §§ 58 I 2, 69 I SLBauO, **Sachsen:** §§ 57 I 1 Nr. 1, 68 I SächsBO, **Sachsen-Anhalt:** §§ 56 I 1 Nr. 1, 67 I 1 LSABauO, **Schleswig-Holstein:** §§ 58 I Nr. 2, 64 I 1 SchlHLBauO, **Thüringen:** §§ 57 I Nr. 1, 67 I ThürBO.

27 **Korrespondierende Vorschriften in den anderen Bundesländern: Baden-Württemberg:** §§ 46, 53 I, III BWLBO, **Bayern:** Art. 53 I 1, 64 I 2 BayBO, **Berlin:** § 69 I BauO Bln, **Brandenburg:** §§ 51 I 2, 62 I 2 BbgBO, **Bremen:** §§ 57 I 1 Nr. 2, 68 I BremLBO, **Hamburg:** § 70 I HBauO, **Hessen:** §§ 52 I 1 Nr. 1, 60 I HBO, **Mecklenburg-Vorpommern:** §§ 57 I, 68 I LBauO M-V, **Niedersachsen:** §§ 57 I 1, 67 I 1 NBauO, **Rheinland-Pfalz:** §§ 58 I Nr. 3, 63 I 1 RhPfLBauO, **Saarland:** §§ 58 I 2, 69 I SLBO, **Sachsen:** §§ 57 I 1 Nr. 1, 68 I SächsBO, **Sachsen-Anhalt:** §§ 56 I 1 Nr. 1, 67 I 1 LSABauO, **Schleswig-Holstein:** §§ 58 I Nr. 2, 64 I 1 SchlHLBauO, **Thüringen:** §§ 57 I Nr. 1, 67 I ThürBO.

Stellen Sie sich vor, es baut jemand ohne Baugenehmigung, obwohl er eine bräuchte. Was kann die untere Bauaufsichtsbehörde dann machen?

- Sie kann eine Baueinstellungsverfügung erlassen oder die Nutzung des Vorhabens untersagen.[28]

Ändert es etwas an den Handlungsmöglichkeiten der Behörde, wenn Sie wissen, dass der Bauherr nicht nur keine Baugenehmigung hat, sondern für sein Vorhaben auch keine Baugenehmigung bekommen würde?

- Ja. Wenn ein Vorhaben nicht nur formell illegal bzw. baurechtswidrig (= der Bauherr hat keine Baugenehmigung) sondern auch materiell illegal ist, kann die Behörde eine Abbruch-/Beseitigungsverfügung erlassen.

Warum geht das nicht schon dann, wenn jemand »nur« keine Baugenehmigung hat aber trotzdem baut?

- Es würde gegen den Verhältnismäßigkeitsgrundsatz, also gegen das Rechtsstaatsprinzip verstoßen, wenn die Behörde schon allein deswegen eine Beseitigungsverfügung erlassen würde. Schließlich könnte ein rechtmäßiger Zustand leicht hergestellt werden, wenn der Bauherr eine Baugenehmigung beantragt.

Was wäre, wenn es § 61 I 2 BauO NRW[29] nicht geben würde. Auf welche Norm würde die Behörde wohl zurückgreifen?

- Auf § 14 NRWOBG[30], da § 61 I 2 BauO NRW eine Spezialvorschrift zur Gefahrenabwehr ist und ein rechtswidriger Bau einen Eingriff in das Rechtsgut der öffentlichen Sicherheit darstellt.

---

28 In den Landesbauordnungen sind häufig spezielle Ermächtigungsgrundlagen für den Erlass einer Bauordnungsverfügung, insbes. zum Erlass von Stilllegungs- und Beseitigungsverfügungen oder für Nutzungsuntersagungen normiert, etwa **Baden-Württemberg**: §§ 64 f. BWLBO, **Bayern:** Art. 75 f. BayBO, **Berlin:** §§ 78 f. BauO Bln, **Brandenburg:** §§ 73 f. BbgBauO, **Bremen:** §§ 81 f. BremLBO, **Hamburg:** §§ 75 f. HBauO, **Hessen:** §§ 71 f. HBO, **Mecklenburg-Vorpommern:** §§ 79 f. LBauO M-V, **Niedersachsen:** § 79 NBauO, **Rheinland-Pfalz:** §§ 81 f. RhPfLBauO, **Saarland:** §§ 81 f. SLBO, **Sachsen-Anhalt:** §§ 78 f. BauO LSA, **Thüringen:** §§ 76 f. ThürBO. Ist dies nicht der Fall, ist auf die bauordnungsrechtliche Generalklausel zurückzugreifen, vgl. **Nordrhein-Westfalen:** § 61 I 2 BauO NRW, **Schleswig-Holstein:** § 59 I 2 SchlHLBO.

29 **Korrespondierende Vorschriften in den anderen Bundesländern: Baden-Württemberg:** § 47 I 2 BWLBO, **Bayern:** Art. 54 II 1 BayBO, **Berlin:** § 58 I 2 BauO Bln, **Brandenburg:** § 52 II 2 BbgBO, **Bremen:** § 58 II 2 BremLBO, **Hamburg:** § 58 I 2 HBauO, **Hessen:** § 53 II 2 HBO, **Mecklenburg-Vorpommern:** § 58 I 2 LBauO M-V, **Niedersachsen:** § 79 I NBauO, **Rheinland-Pfalz:** § 59 I 1 RhPfLBauO, **Saarland:** § 57 II 2 SLBO, **Sachsen:** § 58 II 2 SächsBO, **Sachsen-Anhalt:** § 57 II 2 BauO LSA, **Schleswig-Holstein:** § 59 I 2 SchlHLBO, **Thüringen:** § 58 I 2 ThürBO.

30 **Korrespondierende Vorschriften in den anderen Bundesländern: Baden-Württemberg:** §§ 1 I, 3 BWPolG, **Bayern:** § 7 II iVm § 6 BayLStVG, **Berlin:** § 17 I ASOG Bln, **Brandenburg:** § 13 I BbgOBG, **Bremen:** §§ 1 I, 10 I BremPolG, **Hamburg:** § 3 I HmbSOG, **Hessen:** § 11 HSOG, **Mecklenburg-Vorpommern:** § 13 SOG M-V, **Niedersachsen:** § 11 Nds. SOG, **Rheinland-Pfalz:** § 9 I 1 RhPfPOG, **Saarland:** § 8 I SPolG, **Sachsen:** §§ 1 I, 3 I SächsPolG, **Sachsen-Anhalt:** § 13 SOG LSA, **Schleswig-Holstein:** § 174 LVwG, **Thüringen:** § 5 I ThürOBG.

Bauherr B baut im Außenbereich ohne Baugenehmigung ein Wohnhaus. Die untere Bauaufsichtsbehörde erfährt davon und möchte eine Abrissverfügung erlassen. Vor deren Erlass wird B entsprechend angehört. Er sieht ein, dass das Wohnhaus abgerissen werden muss, teilt aber wahrheitsgemäß mit, dass er in einem halben Jahr ohnehin nach Mallorca auswandert. Er fragt an, ob der Abriss bis dahin nicht hinausgeschoben werden kann. Was könnte die Behörde jetzt unternehmen?

- Sie könnte eine Beseitigungsanordnung erlassen, die Nutzung des Vorhabens untersagen, einen Baustopp verfügen oder die Beseitigungsanordnung unter eine zeitliche Beschränkung (Befristung) stellen. Zudem könnte Sie einen öffentlich-rechtlichen Vertrag mit dem Bauherrn schließen und vertraglich regeln, dass der Bauwillige den VA bestandskräftig werden lässt, die Behörde ihn aber erst in einem halben Jahr vollstreckt.

Was wäre der Nachteil, wenn die Behörde einen öffentlich-rechtlichen Vertrag mit dem Bauwilligen schließt?

- Wenn sich der Bauherr nicht an seinen Teil der Vereinbarung hält, müsste ihn die Behörde verklagen.

Wie könnte dieses Problem umgangen werden?

- Wenn sich der Bauherr im öffentlich-rechtlichen Vertrag der sofortigen Vollstreckung unterwirft, § 61 I 1 VwVfG NRW.[31]

Bauherr B möchte sein Wohnhaus um eine Terrassenüberdachung mit einer Fläche von 45 m² und einer Tiefe von 3,50 m erweitern. Braucht er dafür eine Baugenehmigung?

Tipp: Wenn Ihnen der Prüfer im Baurecht Zahlen »um die Ohren schmeißt«, will er abprüfen, ob Sie systematisch arbeiten können. Da die Prüflinge nach unserer Erfahrung an solche Fälle häufig unstrukturiert herangehen, hier noch einmal die richtige Vorgehensweise: Prüfen Sie zunächst, ob ein genehmigungsbedürftiges Vorhaben vorliegt. Grundsätzlich ist eine Baugenehmigung erforderlich, wenn bauliche Anlagen errichtet, geändert oder abgerissen werden oder sich deren Nutzung ändert. Das richtet sich nach § 63 I 1 BauO NRW iVm § 2 I 1 BauO NRW.[32]

31 **Korrespondierende Vorschriften in anderen Bundesländern: Baden-Württemberg:** § 61 I 1 BWLVwVfG, **Bayern:** Art. 61 I 1 BayVwVfG, **Bremen:** § 61 I 1 BremVwVfG, **Hamburg:** § 61 I 1 HmbVwVfG, **Hessen:** § 61 I 1 HVwVfG, **Mecklenburg-Vorpommern:** § 61 I 1 VwVfG M-V, **Saarland:** § 61 I 1 SVwVfG, **Schleswig-Holstein:** § 128 S. 1 SHLVwG, **Thüringen:** § 61 I 1 ThürVwVfG.

32 **Baden-Württemberg:** § 49 BWLBO iVm § 2 I BWLBO, **Bayern:** Art. 55 I BayBO iVm Art. 2 I BayBO, **Berlin:** § 60 I BauO Bln iVm § 2 I BauO Bln, **Brandenburg:** § 54 BbgBO iVm § 2 I BbgBO, **Bremen:** § 59 I 1 BremLBO iVm § 2 I BremLBO, **Hamburg:** § 59 I 1 HBauO iVm § 2 I HBauO, **Hessen:** § 54 I 1 HBO iVm § 2 I HBO, **Mecklenburg-Vorpommern:** § 59 I BauO M-V iVm § 2 I BauO M-V, **Niedersachsen:** § 59 I NBauO iVm § 2 I NBauO, **Rheinland-Pfalz:** § 61 RhPfLBauO iVm § 2 I RhPfLBauO, **Saarland:** § 60 SLBO iVm § 2 I SLBO, **Sachsen:** § 59 I SächsBO iVm § 2 I SächsBO, **Sachsen-Anhalt:** § 58 I BauO LSA iVm § 2 I BauO LSA, **Schleswig-Holstein:** § 62 I SchlHLBO iVm § 2 I SchlHLBO, **Thüringen:** § 59 I ThürBO iVm § 2 I ThürBO.

Etwas anderes gilt aber dann, wenn eine Ausnahme von dem oben genannten Grundsatz vorliegt, § 63 I 1 BauO NRW. Ob eine Ausnahme vorliegt, das Vorhaben also möglicherweise genehmigungsfrei ist, erfahren Sie, wenn Sie die §§ 65–67[33], 79 und 80 BauO NRW subsumieren.

- Hier liegt keine Ausnahme vom Grundsatz des § 63 BauO NRW[34] vor (insbesondere keine Genehmigungsfreiheit nach § 65 I Nr. 8b BauO NRW), sodass B eine Baugenehmigung braucht.

Welches Genehmigungsverfahren müsste B hier durchführen? Was würde die Behörde vor der Erteilung der Baugenehmigung prüfen?

- Hier wäre das vereinfachte Genehmigungsverfahren nach § 68 I 1 BauO NRW[35] durchzuführen (das ist im Übrigen der Standard im Baurecht). Die Behörde würde nur prüfen, ob das Vorhaben mit den in § 68 I 4 BauO NRW[36] genannten Vorschriften vereinbar ist.

B wird für sein Bauvorhaben zunächst ein Vorbescheid erteilt. Eine Nachbarin (N) erfährt davon und möchte sich gegen das Bauvorhaben des B wenden.

Was ist ein Vorbescheid nach § 71 BauO NRW[37]? Was wird dadurch entschieden bzw. vorab beschieden?

- Der Bauvorbescheid ist ein vorweggenommener Teil der Baugenehmigung. Er stellt verbindlich fest, dass ein Vorhaben im Hinblick auf einzelne bestimmte

---

33 **Korrespondierende Vorschriften in den anderen Bundesländern: Baden-Württemberg:** § 50 BWLBO, **Bayern:** Art. 57 f. BayBO, **Berlin:** §§ 62 f. BauO Bln, **Brandenburg:** § 55 BbgBO, **Bremen:** §§ 61 f. BremLBO, **Hamburg:** § 60 HBauO, **Hessen:** §§ 55 f. HBO, **Mecklenburg-Vorpommern:** §§ 61 f. LBauO M-V, **Niedersachsen:** §§ 59 f. NBauO, **Rheinland-Pfalz:** § 62 RhPfLBauO, **Saarland:** §§ 65 f. SLBO, **Sachsen:** §§ 61 f. SächsBO, **Sachsen-Anhalt:** §§ 61 f. BauO LSA, **Schleswig-Holstein:** § 63 SchlHLBO, **Thüringen:** §§ 60 f. ThürBO.

34 **Korrespondierende Vorschriften in den anderen Bundesländern: Baden-Württemberg:** § 49 BWLBO, **Bayern:** Art. 55 BayBO, **Berlin:** § 60 BauO Bln, **Brandenburg:** § 54 BbgBO, **Bremen:** § 59 BremLBO, **Hamburg:** § 59 HBauO, **Hessen:** § 54 HBO, **Mecklenburg-Vorpommern:** § 59 LBauO M-V, **Niedersachsen:** § 59 NBauO, **Rheinland-Pfalz:** § 61 RhPfLBauO, **Saarland:** § 60 SLBO, **Sachsen:** § 59 SächsBO, **Sachsen-Anhalt:** § 58 BauO LSA, **Schleswig-Holstein:** § 62 SchlHLBO, **Thüringen:** § 59 ThürBO.

35 **Korrespondierende Vorschriften in den anderen Bundesländern: Baden Württemberg:** § 52 I BWLBO, **Bayern:** Art. 59 BayBO, **Berlin:** § 64 S. 1 BauO Bln, **Brandenburg:** § 57 I BbgBO, **Bremen:** § 63 S. 1 BremLBO, **Hamburg:** § 61 I HBauO, **Hessen:** § 57 I 1 HBO, **Mecklenburg-Vorpommern:** § 63 LBauO M-V, **Niedersachsen:** § 63 I 1 NBauO, **Rheinland-Pfalz:** § 66 I 1 RhPfLBauO, **Saarland:** § 64 I SLBO, **Sachsen:** § 63 S. 1 SächsBO, **Sachsen-Anhalt:** § 62 S. 1 BauO LSA, **Schleswig-Holstein:** § 69 I 1 SchlHLBO, **Thüringen:** § 62 I 1 ThürBO.

36 **Korrespondierende Vorschriften in den anderen Bundesländern: Baden-Württemberg:** § 52 II BWLBO, **Bayern:** Art. 59 BayBO, **Berlin:** § 64 BauO Bln, **Brandenburg:** § 57 III BbgBO, **Bremen:** § 63 BremLBO, **Hamburg:** § 61 II HBauO, **Hessen:** § 57 I HBO, **Mecklenburg-Vorpommern:** § 63 I LBauO M-V, **Niedersachsen:** § 63 I 2 NBauO, **Rheinland-Pfalz:** § 66 III RhPfLBauO, **Saarland:** § 64 II SLBO, **Sachsen:** § 63 SächsBO, **Sachsen-Anhalt:** § 62 BauO LSA, **Schleswig-Holstein:** § 69 SchlHLBO, **Thüringen:** § 62 I 2 ThürBO.

37 **Korrespondierende Vorschriften in den anderen Bundesländern: Baden-Württemberg:** § 57 BWLBO, **Bayern:** Art. 71 BayBO, **Berlin:** § 74 BauO Bln, **Brandenburg:** § 59 BbgBO, **Bremen:** § 75 BremLBO, **Hamburg:** § 63 HBauO, **Hessen:** § 66 HBO, **Mecklenburg-Vorpommern:** § 75 LBauO M-V, **Niedersachsen:** § 73 NBauO, **Rheinland-Pfalz:** § 72 RhPfLBauO, **Saarland:** § 76 SLBO, **Sachsen:** § 75 SächsBO, **Sachsen-Anhalt:** § 74 BauO LSA, **Schleswig-Holstein:** § 66 SchlHLBO, **Thüringen:** § 74 ThürBO.

Fragen den im Baugenehmigungsverfahren zu prüfenden Rechtmäßigkeitsanforderungen entspricht. So kann der Bauherr zB klären lassen, ob das Grundstück, auf dem das Bauvorhaben errichtet werden soll, überhaupt bebaubar ist. Das erspart dem Bauherrn im Falle einer Ablehnung des Bauvorbescheids die teure Ausarbeitung umfangreicher Bauvorlagen.

Was ist denn eine Teilbaugenehmigung? Worin unterscheidet sie sich vom Bauvorbescheid?

▶ Die Teilbaugenehmigung[38] ist ein vorgezogener verbindlicher Bescheid über einen abgrenzbaren Teil eines Bauvorhabens (zB für die Baugrube oder einen Bauabschnitt). Sie stellt hinsichtlich ihres Regelungsgehalts eine vollständige Baugenehmigung dar. Anders als der Vorbescheid berechtigt sie auch schon zum Baubeginn. Durch sie kann also die Baudurchführung beschleunigt werden.

Was sollte im obigen Fall zunächst geklärt werden?

▶ In welchem Gebietstyp der Fall »spielt«, wo B also bauen will.

Welche Gebietstypen kennen Sie denn?

▶ Das BauGB kennt drei Gebietstypen: Das Plangebiet nach § 30 I, II BauGB, den im Zusammenhang bebauten Ortsteil nach § 34 BauGB und den Außenbereich nach § 35 BauGB.

Nehmen wir an, es existiert ein Bebauungsplan. Wie erfahren Sie, welche Bauvorhaben in diesem Gebiet zulässig sind? Kann die Gemeinde das einfach festlegen?

▶ Das ergibt sich aus § 1 II BauNVO. Die Gemeinde ist bei der Aufstellung von Bebauungsplänen an die dort genannten Baugebiete gebunden.

Nehmen wir an, es handelt sich um ein Dorfgebiet. Welche Gebäude wären denn da zulässig?

▶ Das folgt aus § 5 II BauNVO.

Was versteht man unter einer Rechtsverordnung?

▶ Eine Rechtsverordnung ist eine Rechtsnorm, die von einem Organ der Exekutive erlassen wird, um staatliche Angelegenheiten zu regeln. Die Rechtsverordnung hat eine gesetzesgleiche Bindungswirkung. Das bedeutet, sie ist wie ein Parlamentsgesetz (»formelles Gesetz«) von allen Behörden und Gerichten anzuwenden und auszulegen. Durch eine Rechtsverordnung können dem Bürger auch unmittelbare Rechte gewährt und Pflichten auferlegt werden. Da es sich bei dem Erlass einer Rechtsverordnung um eine von der Legislative delegierte Rechtsetzungsbefugnis handelt, ist zum Erlass einer Rechtsverordnung eine gesetzliche Ermächtigungsgrundlage in Form einer Verordnungsermächtigung nötig (zB auf Bundesebene Art. 80 I GG; § 11 III MuSchG).

38 **Baden-Württemberg:** § 61 I BWLBO, **Bayern:** Art. 70 BayBO, **Berlin:** § 73 BauO Bln, **Bremen:** § 74 BremLBO, **Hamburg:** § 72 V HBauO, **Hessen:** § 67 I HBO, **Mecklenburg-Vorpommern:** § 74 I LBauO M-V, **Niedersachsen:** § 76 I NBauO, **Nordrhein-Westfalen:** § 76 I BauO NRW, **Rheinland-Pfalz:** § 73 I RhPfLBauO, **Saarland:** § 75 I SLBO, **Sachsen:** § 74 SächsBO, **Schleswig-Holstein:** § 74 SchlHLBO, **Thüringen:** § 73 ThürBO.

Und was ist dann eine Satzung?

- Eine Satzung ist eine Rechtsnorm, die von einer juristischen Person des öffentlichen Rechts (= mittelbare Staatsverwaltung: Körperschaft, Anstalt, Stiftung) erlassen wird, um ihre inneren Angelegenheiten zu regeln. Die Kompetenz zum Erlass einer Satzung ist Ausdruck der Selbstverwaltung der jeweiligen Körperschaft (und basiert nicht wie bei einer Rechtsverordnung auf einer ausdrücklichen Verordnungsermächtigung). Für die Gemeinden und Gemeindeverbände als kommunale Körperschaften folgt das Satzungsrecht/Selbstverwaltungsrecht aus Art. 28 II GG. Danach muss den Gemeinden das Recht gewährleistet sein, alle Angelegenheiten der örtlichen Gemeinschaft im Rahmen der Gesetze in eigener Verantwortung zu regeln. Greift die Satzung allerdings in Grundrechte ein, bedarf sie einer besonderen Ermächtigung durch ein formelles Gesetz.

Was versteht man unter Verwaltungsvorschriften?

- Verwaltungsvorschriften sind generell-abstrakte Anordnungen einer Behörde an nachgeordnete Behörden oder eines Vorgesetzten an die ihm unterstellten Verwaltungsbediensteten. Sie dienen dazu, Aufbau und Ablauf der Verwaltung zu ordnen. (Beispiel: Organisations- und Dienstvorschriften)

Hinweis: Verwaltungsvorschriften sind also Rechtssätze (»Innenrecht«) aber – im Gegensatz zu Rechtsverordnungen und Satzungen – keine Rechtsnormen mit Außenwirkung! Eine Außenwirkung von Verwaltungsvorschriften ist aber unter bestimmten Voraussetzungen möglich: Der Bürger hat nach Art. 3 I GG einen Anspruch auf Gleichbehandlung, die der ständigen Verwaltungspraxis entspricht. Er kann verlangen, dass die Verwaltung nicht willkürlich von ihrem bisherigen Verfahren abweicht und die Verwaltungsvorschriften auch in seinem Fall anwendet. In einem solchen Fall führt Art. 3 I GG zu einer Selbstbindung der Verwaltung. Die Behörde kann aber die der Praxis zugrunde gelegte Verwaltungsvorschrift für die Zukunft ändern.

Welche ist denn die bekannteste Satzung des Baurechts?

- Der Bebauungsplan nach § 10 I BauGB.

Wer ist denn Nachbar iSd Bauplanungsrechts?

- Nachbar ist jeder, der in der durch die Rechtsnorm geschützten Position von dem konkreten Vorhaben beeinträchtigt wird. Erfasst werden die Eigentümer der unmittelbar angrenzenden Grundstücke und ihnen gleichgestellte dingliche Berechtigte (also auch zB eine Person, zu deren Gunsten eine Auflassungsvormerkung im Grundbuch eingetragen wurde und auf den Besitz, Nutzungen und Lasten übergegangen sind).

Wird das im öffentlichen Recht immer so gesehen oder gibt es noch einen anderen Nachbarbegriff?

- Im Immissionsschutzrecht und im Gaststättenrecht wird der Nachbarbegriff weiter ausgelegt. Dort werden auch Mieter und Pächter unter den Nachbarbegriff subsumiert, wenn sie sich mehr als nur vorübergehend im Einwirkungsbereich der Anlage bewegen.

Die P-Partei stellt auf dem Gehweg einer Stadt in NRW ein Werbeplakat für die in einem Monat stattfindende Bundestagswahl auf, ohne eine Genehmigung einzuholen. Um was für eine Problematik handelt es sich hier? In welchem Gesetz würden Sie suchen?

- Hier ist das Straßen- und Wegegesetz NRW (StrWG NRW[39]) einschlägig. Es müsste zunächst geklärt werden, ob es sich bei dem Aufstellen des Plakats auf dem Gehweg um Gemeingebrauch nach § 14 StrWG[40] NRW oder um eine Sondernutzung nach § 18 StrWG NRW[41] handelt.

Was ist denn Gemeingebrauch bzw. Sondernutzung?

- Gemeingebrauch nach § 14 StrWG NRW liegt vor, wenn die Straße zum Verkehr, also zum Überwinden von Entfernungen benutzt wird.
  Sondernutzung nach § 18 StrWG NRW liegt vor, wenn die Straße über den Gemeindegebrauch hinaus genutzt wird. Dazu braucht man eine Sondernutzungserlaubnis.

Was würden Sie hier annehmen?

- Hier liegt eine Sondernutzung nach § 18 StrWG NRW vor, da die Straße nicht nur zur Überwindung von Entfernungen benutzt wird, sondern zur Kundgabe einer politischen Meinungsbildung.

Denken Sie, die P-Partei bekommt hier die Sondernutzungserlaubnis?

- Ja. Grundsätzlich steht die Erteilung einer Sondernutzungserlaubnis zwar im Ermessen der Behörde, sodass nur ein Anspruch auf ermessensfehlerfreie Entscheidung besteht. Hier führt die Ausstrahlungswirkung der Grundrechte (Art. 5 I GG) bzw. das Parteienprivileg nach Art. 21 I 2 GG zu einer Ermessensreduzierung auf null.

---

39 Bzw. das Straßengesetz Ihres Bundeslandes, vgl. **Baden-Württemberg:** BWStrG, **Bayern:** BayStrWG, **Berlin:** BerlStrG, **Brandenburg:** BbgStrG, **Bremen:** BremLStrG, **Hamburg:** HWG, **Hessen:** HStrG, **Mecklenburg-Vorpommern:** StrWG-MV, **Niedersachsen:** NStrG, **Rheinland-Pfalz:** RhPfLStrG, **Saarland:** SaarlStrG, **Sachsen:** SächsStrG, **Sachsen-Anhalt:** StrG LSA, **Schleswig-Holstein:** SchlHStrWG, **Thüringen:** ThürStrG.

40 **Korrespondierende Vorschriften in den anderen Bundesländern: Baden-Württemberg:** § 13 BWStrG, **Bayern:** Art. 14 BayStrWG, **Berlin:** § 10 II BerlStrG, **Brandenburg:** § 14 BbgStrG, **Bremen:** § 15 BremLStrG, **Hamburg:** § 16 HWG, **Hessen:** § 14 HStrG, **Mecklenburg-Vorpommern:** § 21 StrWG-MV, **Niedersachsen:** § 14 NStrG, **Rheinland-Pfalz:** § 34 RhPfLStrG, **Saarland:** § 14 SaarlStrG, **Sachsen:** § 14 SächsStrG, **Sachsen-Anhalt:** § 14 StrG LSA, **Schleswig-Holstein:** § 20 SchlHStrWG, **Thüringen:** § 14 ThürStrG.

41 **Korrespondierende Vorschriften in den anderen Bundesländern: Baden-Württemberg:** § 16 BWStrG, **Bayern:** Art. 18 BayStrWG, **Berlin:** § 11 BerlStrG, **Brandenburg:** § 18 BbgStrG, **Bremen:** § 18 BremLStrG, **Hamburg:** § 19 HWG, **Hessen:** § 16 HStrG, **Mecklenburg-Vorpommern:** § 22 StrWG-MV, **Niedersachsen:** § 18 NStrG, **Rheinland-Pfalz:** § 41 RhPfLStrG, **Saarland:** § 18 SaarlStrG, **Sachsen:** § 18 SächsStrG, **Sachsen-Anhalt:** § 18 StrG LSA, **Schleswig-Holstein:** § 21 SchlHStrWG, **Thüringen:** § 18 ThürStrG.

Was kann eine Behörde machen, wenn jemand eine Straße ohne die erforderliche Erlaubnis benutzt, also eine unerlaubte Sondernutzung vorliegt?

- Die Behörde kann die erforderlichen Maßnahmen zur Beendigung der unerlaubten Sondernutzung treffen, § 22 S. 1 StrWG NRW.[42] Nach dieser Norm kann die Behörde etwa die unerlaubte Sondernutzung beenden oder die unerlaubte Sondernutzung untersagen, wenn diese bereits stattgefunden hat und eine Wiederholung zu besorgen ist.

Wie wird denn eine Straße oder zB ein Weg zu einer öffentlichen Straße?

- Durch eine Widmung nach § 6 StrWG NRW[43] in Form einer Allgemeinverfügung, § 35 S. 2 VwVfG NRW.

Was ist denn eine Widmung?

- Eine Widmung ist ein hoheitlicher Rechtsakt, durch den eine Sache einer besonderen öffentlich-rechtlichen Nutzungsordnung unterstellt wird.

Muss denn eine Widmung immer durch eine Allgemeinverfügung, also durch einen Verwaltungsakt erfolgen?

- Nein, sie kann auch durch eine Rechtsnorm erfolgen, zB § 5 WaStrG.

Wann wird ein Verwaltungsakt wirksam?

- Ein Verwaltungsakt wird wirksam, wenn er bekanntgegeben wird, § 43 I VwVfG.

Und wann ist ein Verwaltungsakt bekanntgegeben?

- Eine Bekanntgabe liegt vor, wenn:
  - die für die Bekanntgabe zuständige Behörde
  - in amtlicher Eigenschaft
  - wissentlich und willentlich, also mit Bekanntgabewillen
  - den Inhalt des Verwaltungsaktes dem Betroffenen gegenüber eröffnet
  - und der Verwaltungsakt dem Adressaten auch zugegangen ist.

In welcher Form kann ein Verwaltungsakt denn bekanntgegeben werden?

- Wenn keine besondere Form für die Bekanntgabe vorgeschrieben ist (wie etwa in § 73 III VwGO: die Bekanntgabe durch Zustellung) kann die Bekanntgabe nach § 3a I VwVfG elektronisch (e-Mail), mündlich oder in jeder anderen Form (zB Handzeichen eines Polizisten bei einer Verkehrskontrolle) erfolgen, § 41 I 1 iVm § 37 II 1 VwVfG.

---

42 **Korrespondierende Vorschriften in den anderen Bundesländern: Baden-Württemberg:** § 16 VIII BWStrG, **Bayern:** Art. 18a BayStrWG, **Berlin:** § 14 BerlStrG, **Hessen:** § 17a HStrG, **Mecklenburg-Vorpommern:** § 25 StrWG-MV, **Niedersachsen:** § 22 NStrG, **Rheinland-Pfalz:** § 41 VIII RhPfLStrG, **Saarland:** § 18 VIII SaarlStrG, **Sachsen:** § 20 SächsStrG, **Sachsen-Anhalt:** § 20 StrG LSA, **Schleswig-Holstein:** § 21 VII SchlHStrWG, **Thüringen:** § 20 ThürStrG.

43 **Korrespondierende Vorschriften in den anderen Bundesländern: Baden-Württemberg:** § 5BWStrG, **Bayern:** Art. 6 BayStrWG, **Berlin:** § 3 BerlStrG, **Brandenburg:** § 6 BbgStrG, **Bremen:** § 5 BremLStrG, **Hamburg:** § 6 HWG, **Hessen:** § 4 HStrG, **Mecklenburg-Vorpommern:** § 7 StrWG-MV, **Niedersachsen:** § 6 NStRG, **Rheinland-Pfalz:** § 36 RhPfLStrG, **Saarland:** § 6 SaarlStrG, **Sachsen:** § 6 SächsStrG, **Sachsen-Anhalt:** § 6 StrG LSA, **Schleswig-Holstein:** § 6 SchlHStrWG, **Thüringen:** § 6 ThürStrG.

Wie wird eine Allgemeinverfügung bekanntgegeben?

▶ Grundsätzlich wird eine Allgemeinverfügung wie ein Verwaltungsakt bekanntgegeben, schließlich ist die Allgemeinverfügung nur ein Sonderfall des VA, vgl. § 35 S. 2 VwVfG.
Im Unterschied zum Verwaltungsakt *kann* eine Allgemeinverfügung aber jederzeit öffentlich bekanntgemacht werden, wenn eine Bekanntgabe an die Beteiligten untunlich ist, § 41 III 2 VwVfG.

Hinweis:
1. Eine Allgemeinverfügung kann auch individuell bekanntgegeben werden (häufiger Fehler!). Das ist nach dem Wortlaut von § 41 III 2 VwVfG sogar der Normalfall.
2. Auch ein »normaler« Verwaltungsakt nach § 35 S. 1 VwVfG kann öffentlich bekanntgemacht werden! Dies muss allerdings in einer Rechtsvorschrift speziell geregelt sein, etwa in § 69 II S. 3 VwVfG. Das folgt aus § 41 III 1 VwVfG.

Was ist bei einer Allgemeinverfügung in formeller Sicht noch anders?

▶ Von einer Anhörung kann nach § 28 II Nr. 4 VwVfG abgesehen werden und einer Begründung bedarf es nach Maßgabe des § 39 II Nr. 5 VwVfG nicht.

A ist Mitglied einer Fraktion im Gemeinderat der Stadt E, dort aber nicht besonders beliebt. Als sie zum zweiten Mal zu spät kommt, initiiert der Fraktionsvorsitzende einen Fraktionsausschluss. Dieser wird von den anwesenden Fraktionsmitgliedern sofort beschlossen. A ist damit nicht einverstanden und möchte dagegen vorgehen. Mit welcher Klageart?

▶ Eine Anfechtungsklage scheidet von vornherein aus, da das Begehren der A nicht auf die Aufhebung eines Verwaltungsaktes nach § 35 S. 1 VwVfG gerichtet ist. Ein solcher liegt nicht vor, da die angegriffene Maßnahme des Fraktionsvorsitzenden keine Außenwirkung hat. Zu denken ist an eine allgemeine Leistungsklage oder eine Feststellungsklage.

An was wäre hier zu denken? An die Leistungs- oder an die Feststellungsklage?

▶ An die Feststellungsklage. Schließlich hat ihr Klageantrag zum Ziel, die Rechtswidrigkeit des Handelns des kommunalen Organs festzustellen.

Wieso sollte der fehlerhafte Ratsbeschluss denn nicht zu einer Aufhebung, also einem Tun, veranlasst werden? Dann wäre ja die allgemeine Leistungsklage statthaft.

▶ Weil ein fehlerhafter Ratsbeschluss – im Gegensatz zu einem Verwaltungsakt – automatisch, also ohne einen richterlichen Spruch, unwirksam ist. Diese Unwirksamkeit müsste also nur festgestellt werden.

Worin könnte hier das für eine Feststellungsklage notwendige Feststellungsinteresse liegen?

▶ ZB in einer Wiederholungsgefahr. Ausreichen würde aber jedes schutzwürdige rechtliche, wirtschaftliche, persönliche oder ideelle Interesse.

Wann wäre ein Fraktionsausschluss begründet?

▶ In formeller Hinsicht müsste der Betroffene zunächst angehört werden. Daneben müsste die Aufnahme des Fraktionsausschlusses auf der Tagesordnung stehen, die Fraktionsmitglieder müssten ordnungsgemäß geladen sein. Nötig ist auch ein

Mehrheitsbeschluss der Fraktionsmitglieder und eine schriftliche Mitteilung der Ausschlussgründe.

In materieller Hinsicht müsste ein wichtiger Grund vorliegen. Ob ein solcher vorliegt, wird unter Beachtung des Verhältnismäßigkeitsgrundsatzes durch Abwägung zwischen dem Status des Fraktionsmitglieds und der Arbeitsfähigkeit der Fraktion als Kollegialorgan andererseits zu untersuchen sein. Er liegt dann vor, wenn das Fraktionsmitglied wiederholt durch eine Abweichung in zentralen Fragen das Vertrauensverhältnis nachhaltig gestört hat und eine weitere Zusammenarbeit nicht mehr möglich erscheint.

Wie sieht es hier aus?

- Ein bloßes zweimaliges Zuspätkommen eines Fraktionsmitgliedes kann das Vertrauensverhältnis nicht nachhaltig gestört haben. Es fehlt also an einem wichtigen Grund.

Hinweis: Wiederholen Sie an dieser Stelle den häufig vorkommenden Kommunalverfassungsstreit, bei *Kaiser/Köster/Seegmüller*, Materielles Öffentliches Recht im Assessorexamen, 3. Aufl. 2015, Rn. 233 ff.

Was ist ein Verhaltensstörer/Handlungsstörer? Wann ist jemand Zustandsstörer?

- Verhaltensstörer gem. § 4 PolG NRW/§ 17 NRWOBG[44] ist derjenige, der durch sein hinzukommendes Verhalten die entscheidende Grenze überschreitet und so die Gefahr unmittelbar begründet. Nach der im Polizeirecht geltenden Theorie der unmittelbaren Verursachung ist ein Verhalten daher ursächlich, wenn es selbst unmittelbar die konkrete Gefahr setzt und damit die Gefahrengrenze überschreitet. Entscheidend ist also, wer das letzte Glied in der Kausalkette setzt.

  Zustandsstörer nach § 5 PolG NRW/§ 18 NRWOBG[45] ist grundsätzlich der Eigentümer oder Inhaber der tatsächlichen Gewalt über eine Sache oder ein Tier, dessen Zustand gefährlich ist.

Sie sind Rechtsanwalt. Samstagvormittag kommt eine Mandantin in Ihre Kanzlei in Düsseldorf und berichtet, dass Ihr Auto weg sei. Sie habe es vor dem Justizministerium vor der Hofeinfahrt geparkt. Wahrscheinlich sei sie abgeschleppt worden. Was machen Sie in der Praxis als allererstes?

- Man sollte die Polizei anrufen und nachfragen, wo sich das Auto befindet und ob bzw. wo man es heute noch wiederbekommen kann. Als weiteren Punkt sollte

44 **Baden-Württemberg:** § 6 I BWPolG, **Bayern:** Art. 7 I PAG, **Berlin:** § 13 ASOG Bln, **Brandenburg:** § 16 I BbgOBG, § 5 I BbgPolG, **Bremen:** § 5 I BremPolG, **Hamburg:** § 8 I HmbSOG, **Hessen:** § 6 I HSOG, **Mecklenburg-Vorpommern:** § 69 SOG M-V, **Niedersachsen:** § 6 Nds. SOG, **Rheinland-Pfalz:** § 4 I RhPfPOG, **Saarland:** § 4 I SPolG, **Sachsen:** § 4 I SächsPolG, **Sachsen-Anhalt:** § 7 I SOG LSA, **Schleswig-Holstein:** § 218 I SchlHLVwG, **Thüringen:** § 10 I ThürOBG, § 7 I ThürPAG.

45 **Korrespondierende Vorschriften in den anderen Bundesländern: Baden-Württemberg:** § 7 BWPolG, **Bayern:** Art. 8 I, II PAG, **Berlin:** § 14 I, III ASOG Bln, **Brandenburg:** § 6 I, II BbgPolG, **Bremen:** § 6 I, II BremPolG, **Hamburg:** § 9 I, II HmbSOG, **Hessen:** § 7 I, II HSOG; **Mecklenburg-Vorpommern:** § 70 I, II SOG M-V, **Niedersachsen:** § 7 I, II Nds. SOG, **Rheinland-Pfalz:** § 5 I, II RhPfPOG, **Saarland:** § 5 I, II SPolG, **Sachsen:** § 5 SächsPolG, **Sachsen-Anhalt:** § 8 I, II SOG LSA, **Schleswig-Holstein:** § 219 I, II SchlHLVwG, **Thüringen:** § 8 I, II ThürPAG, § 11 I, II ThürOBG.

die Mandantin noch gefragt werden, ob sie uns als Rechtsanwalt mandatieren wolle.

Wer könnte das Auto abgeschleppt haben?

- Die Polizei oder die Ordnungsbehörden.

Wovon wird das abhängen?

- Grundsätzlich sind die Ordnungsbehörden zur Gefahrenabwehr zuständig, § 1 I NRWOBG.[46] Wird die Polizei tätig, muss deren Kompetenz immer positiv hergeleitet werden. Bei Gefahr im Verzug ist stets die Polizei zuständig (Eilfallkompetenz), § 1 I 3 PolG NRW.[47]

---

46 **Korrespondierende Vorschriften in den anderen Bundesländern: Baden-Württemberg:** § 1 I BWPolG, **Bayern:** Art. 6 POG, **Berlin:** § 1 I ASOG Bln, **Brandenburg:** § 1 I BbgOBG, **Bremen:** § 1 I BremPolG, **Hamburg:** § 3 I HmbSOG, **Hessen:** § 1 I HSOG, **Mecklenburg-Vorpommern:** § 1 I SOG M-V, **Niedersachsen:** § 1 I Nds. SOG, **Rheinland-Pfalz:** § 1 I RhPfPOG, **Saarland:** § 1 II SPolG, **Sachsen:** § 1 I SächsPolG, **Sachsen-Anhalt:** § 1 I SOG LSA, **Schleswig-Holstein:** § 162 I SchlHLVwG, **Thüringen:** § 2 I ThürOBG.

47 **Korrespondierende Vorschriften in den anderen Bundesländern: Baden-Württemberg:** § 60 II BWPolG, **Bayern:** Art. 3 PAG, **Berlin:** § 4 I 1 ASOG Bln, **Brandenburg:** § 2 S. 1 BbgPolG, **Bremen:** § 64 I 2 BremPolG, **Hamburg:** § 3 II 1 HmbSOG, **Hessen:** § 1 III HSOG, **Mecklenburg-Vorpommern:** § 7 I Nr. 3 SOG M-V, **Niedersachsen:** § 1 II 1 Nds. SOG, **Rheinland-Pfalz:** § 1 VIII 1 RhPfSOG, **Saarland:** § 85 II 1 SPolG, **Sachsen:** § 60 II SächsPolG, **Sachsen-Anhalt:** § 2 II SOG LSA, **Schleswig-Holstein:** § 168 I Nr. 3 SchlHLVwG, **Thüringen:** § 3 S. 1 ThürPAG.